개정판 **암묵적 영역**

마이클 폴라니 저

김정래 역

박영story

차   례

역자 서문

폴라니의 〈암묵적 영역〉은 서문을 쓴 센Sen이 소개하듯이 "우리가 사는 세계를 근원적으로 파악하고 이해하는 데 크게 기여하는" 책이다. 그의 '암묵지' 또는 '암묵적 앎'의 개념은 우리의 인식 영역이 고착되지 않고 확장되며 스스로 사고를 반전할 계기를 마련해 준다. 지금으로부터 약 50년 전인 1966년에 출간되었지만, 이 책이 우리나라에 다시 소개되어야 하는 이유이다.

이 책의 중요성과 학문적 위상, 폴라니의 학문적 여정과 인류 문명에 기여한 바는 센의 서문에 비교적 상세하게 소개되어 역자가 달리 소개할 필요가 없다. 그럼에도 본서를 번역하게 된 몇 가지 사유가 있다. 첫째, 이 책은 폴라니의 방대한 저술 중에서 가장 양이 작으면서도 그의 사상의 핵심이 들어 있기 때문이다. 둘째, 전공과 관계없이 자신의 연구 성과를 언어로 표현해야 하는 학자들에게 미치는 실제적 효과 때문이다. 그들의 입장에서 뭔가를 명제화하지 못하는 지경에 이르렀을 때, 스스로를 돌이켜 자신의 편협성을 확인하는 계기를 제공해 준다. 셋째, 교육적 상황에 시사示唆하는 바가 크다. 교육을 주된 업으로 하는 역자처럼, 수

업 현장에서 말로 표현할 수 없는 상황에 봉착했을 때의 처지를
이론적으로 파악하게 해 준다. 이 점에서 본서를 비롯한 폴라니의
몇몇 저서는 현장 교사, 교육대학과 사범대학에 다니는 학생들이
읽어야 할 필독서이다. 폴라니가 전달하고자 하는 바는 교육이
'언어'와 '명시적 가르침'을 넘어서는 '무엇'을 찾는 데 있다. 인간
의 지식은 모두 암묵적 영역에서 비롯된다는 폴라니의 주장은
의미심장하다. 그리고 암묵적 앎을 통하여 우리는 인식의 고양을
꾀할 수 있다. 폴라니의 경계 조건은 진화를 설명해주며 인간의
고등 정신능력이 가능하도록 하는 기제가 된다. 이 점에서 폴라니
는 자신의 '암묵지' 개념을 암묵적으로 전달하고 있는 셈이다.
그의 이론적 정합성이 절묘하게 드러난다.

　개인적 입장에서 역자는 이렇게 소중한 가치를 지닌 책을 번역
했다는 기쁨과 자부심을 숨길 수 없다. 그 이유는 폴라니의 암묵
지가 인간과 사회 그리고 삼라만상을 일관하여 설명하는 정합적
이론을 구축해주기 때문이다. 또한 눈에 보이고 언어로 표현되는
명시적인 것에만 집착하여 개인적으로는 편협한 아집에 빠지고,
사회적으로 온갖 병폐와 혼란을 야기하는 병리 현상을 치유할
대안을 모색할 수 있다는 장점 때문이다.

　순수 학문 서적 출간, 특히 번역서 출간에 어려움이 많은 출판
계 사정을 뒤로 하고 출간을 흔쾌히 결정한 博英社 安鍾萬 회장
님, 안상준 상무님, 기획을 맡은 최준규 지사장님, 책을 예쁘게
만들어 준 편집부 관계자들께 감사의 말씀을 전한다.

을미년 새 봄
옮긴이 金正來 아룀

개정 번역판 서문

  1962년 미국 예일대학에서 행한 테리 강연Terry Lectures을 토대로 한 폴라니의 〈암묵적 영역〉이 뒤늦게나마 우리말로 번역되어 출간된 이후 많지 않지만 꾸준한 독자의 수요가 있다는 소식에 안주하다가, 초판 번역에 지나친 의역과 오기가 발견되어 이를 대대적으로 바로 잡아 개정 번역판을 내었다. 암묵지의 핵심어로 '계접항'으로 번역했던 'distal term'을 '원접항'으로 바꾸었다. 10년 전 나온 번역보다 독자에게 더욱 쉽게 접근할 계기가 되길 바라면서, 상당한 투자를 요하는 개정 번역에 손들어 준 안상준 대표님과 번다한 실무에 노고를 아끼지 않는 박세기 부장님과 이혜미 과장님에게 감사드린다.

을사년 새 봄

玄山 金正來 謹

주요개념 해설

본서 〈암묵적 영역〉에 소개된, 일반인에게 다소 생소한 폴라니의 주요 개념의 번역어와 의미를 간략하게 소개하고자 한다.

† tacit knowing 암묵적 앎, 암묵지; tacit knowledge 암묵적 지식.

두 번역어는 동명사와 명사로 이루어진 용어지만, 폴라니의 의도를 제대로 반영하려면 '암묵적 앎' 또는 '암묵지'를 채용해야 한다. 본문에서도 폴라니는 두 군데를 제외하고 모두 'tacit knowing'이라고 표현한다. 다만 아미티아 센의 서문에서처럼 명시적 지식에 대비시켜 '암묵적 지식'을 사용하는 경우가 있지만, 폴라니의 의도를 손상시킨다.

'암묵지' 또는 '암묵적 앎'은 폴라니의 방대한 저서에 포함된 그의 핵심 개념이다. 폴라니의 암묵지는 흔히 라일G. Ryle의 '방법적 지식knowing-how'에 상응하는 개념으로 이해된다. 라일이 명제적 지식에 대하여 방법적 지식의 중요성을 부각시킨 것은 폴라니가 암묵지의 중요성을 강조한 이유와 유사하다. 다만 폴라니는 암묵지를 통하여 인식의 발현과 고양을 정합적으로 설명한 점에서 철학적 행동주의를 대표하는 라일과 뚜렷한 차이가 있다.

폴라니는 암묵지를 인식 발생의 측면에서 파악한다는 점에서 과학 탐구 영역에 기여한 바가 크다. 그가 강조한 암묵지를 통한 탐구 과정은 비단 과학에 국한되지 않는다. 센이 서문에서 강조하는 바와 같이, 암묵지는 인식론 영역을 넘어서서 언어와 경험과학, 정치철학, 진화생물학, 윤리학, 경영학 등 인간 활동 전 영역에 걸쳐 기여하는 바가 크다.

경험과학 측면에서 암묵적 지식은 게슈탈트 심리학과 깊게 관련되며, 기계론적 환원론에 반대한다. 인식론적으로 보면, 지식의 명제화는 인간의 인지 영역을 협소하게 할 뿐만 아니라 '자충수'를 둔다는 점을 지적하지 않을 수 없다. 암묵지와 관련하여 '메논의 패러독스Meno's Paradox'가 언급되는 것은 플라톤의 〈메논〉을 자주 다루는 교육학에도 시사하는 바가 크다. 또 발견학습의 경우도 그러하다. 폴라니에 따르면, 우리의 인식에서 암묵적 영역을 배제하면 인식 행위 자체가 탄생할 수가 없다. 암묵적 인식은 선불교에서 말하는 '언어도단言語道斷'에 이른다. '원인 없는 원인', '원인 없는 사건', '원인 없는 행위'라는 폴라니의 표현이 그러하다. 또한 암묵적 영역은 인식의 발현만이 아니라 인간의 진화 과정을 설명할 수 있다.

본서의 초반에 저자가 전체주의를 비판하면서 강조하고 있지만, 창의성을 존중하는 개인적 자유의 핵심에 암묵지가 자리한다.

폴라니의 주장은 정치이념을 떠나 암묵지에 근거하여 사회주의, 공산주의, 전체주의를 배격하고 개인의 중요성을 강조한다. 이 점은 그의 책 제목인 〈개인적 지식*Personal Knowledge*〉처럼 지식의 주관성으로 연결된다. 폴라니에게 '자유'는 개인의 자의적 선택을 맹종하는 방임이 아니다. 오히려 그는 일련의 지식을 통하여 조성되는 학풍과 같은 권위를 존중한다. 이러한 내용은 주로 폴라니의 〈자유의 논리*The Logic of Liberty*〉에 담겨져 있다. 제도와 권위 속에서 개인의 자율성, 창의성을 중시한다.

† term 항項. 잠식에서 암묵적 앎을 주의를 기울임과 의존함의 구조를 설명하는 개념.

† proximal term 근접항近接項. 우리에게 가까이 있는 항으로서 언어로 표현되지 않는 특성에 일차적으로 주의가 집중된다는 뜻을 지닌다.

† distal term 원접항遠接項. 우리와 떨어져 있는 항으로서 당초 근접항에서 주의를 기울였던 것을 암묵지로 파악하게 한다.

† focal awareness 초점식焦點識. 원접항에 상응하는 개념으로서 암묵적으로 파악하고자 하는 식을 가리킨다.

† subsidiary awareness 부발식附發識. 근접항에 상응하는 개념으로 부발식의 작동이 없으면 초점식의 파악이 불가능하다.

† 암묵지의 기능적 측면. 근접항에서 원접항으로 주의를 기울이는 역동적 특질을 말한다. 본서에서는 '기능적 구조'라고 표현되었다.

† 암묵지의 의미론적 측면. 부발식에 동원된 단서들이 통합하여 새로운 의미를 창출하는 것을 말한다. 이로써 총괄 파악이

가능하다.

✝ 암묵지의 현상적 측면. 주의를 기울여서 원래 알려고 했던 것이 아닌 전혀 다른 특징이 부가적으로 창출되는 것을 말한다.

✝ 암묵지의 존재론적 측면. 위의 세 가지가 작동하는 구조가 명시적으로 파악되지 않지만 존재한다는 뜻이다. 곧 우리 몸에 내재하여 작용하는 잠식을 말한다.

✝ emergence 발현. 암묵적 과정에서 경계조건으로 형성된 위계 구조상 상위 수준이 생성되는 것. 인식의 고양을 비롯하여 고차원적인 존재의 출현과 생물의 진화를 설명하는 핵심적 개념이다.

✝ the principle of marginal control 한계통제원리. 높은 수준의 인식은 낮은 수준의 인식을 토대로 하여 발현하게 되지만, 결과적으로 낮은 수준의 인식은 높은 수준의 인식에 의하여 통제된다는 원리이다. 이 원리를 토대로 폴라니는 생물의 진화, 인식의 고양, 사회의 진보 등을 설명한다.

✝ subception 잠식潛識. 외부 사물을 파악할 때 그 대상에 주위를 쏠리게 하는 의식의 지각능력. 암묵지를 설명하는 가장 근원적인 개념이다. 초점식과 부발식은 잠식이다. 잠식은 윌리엄 제임스의 주변 식이나 정신분석학의 전의식, 무의식이 아니다. '묵식黙識'이라고도 하지만 그렇게 번역하면 암묵지를 설명하는 '설명어'로서 기능이 약화된다. 설명어와 피설명어가 같은 말로 표현되기 때문이다.

✝ indwell, indwelling 착화着化. 인식 작용에 있어서 외부 사물을 신체의 일부로 동화시킴으로써 암묵지의 작동을 기술하는

용어. '착화'는 암묵지와 동일시하기도 하지만, 암묵지의 내면화 과정을 가리키고 암묵지는 총괄적 실체를 인식한다는 점에서 차이가 있다.

† subliminal 잠복된. 잠식과 관련된 특징을 설명하는 개념.

† personal knowledge 개인적 지식. 암묵지의 주관적 특성을 강조할 때 사용된다. 모든 지식은 객관적이라는 통념을 깨고 지식의 근원과 특성은 개인의 주관성에서 비롯된다는 뜻을 갖는다. 같은 이름의 저술은 폴라니의 대표작이다.

† interiorization, interiorizing 내발화內發化. 요소나 부분의 합이 아니라 그것들의 활동이나 패턴과 같이 총괄적 전체로 파악하는 착화가 구체적인 상태로 구현되는 과정을 뜻한다. 착화를 가능하게 하는 내발화가 이루어져야 새로운 의미가 부여되는 인식이 가능하다. 이와 반대로 요소와 부분에 집착하거나 암묵적 앎을 통하여 명시적으로 진술된 내용에만 집중할 경우를 외탈화 外脫化 exteriorizing라고 한다. 신체의 일부로 동화되어 파악된 의미가 상실된다는 뜻이다.

† comprehension, com-prehension 총괄파악. 실체의 특징을 부분들의 총합이나 공통적 특징을 넘어서 다른 차원의 전체로 파악할 때 사용된다. 이 용어는 부분들의 착화를 통하여 사물을 총체적으로 파악함으로써 고양된 인식이 가능하게 하는 특징을 설명한다. 나아가서 인간의 정신세계가 출현하는 새로운 국면을 설명하는 일종의 발생론적 설명기제이다.

† equipotentiality 기능대치능력 또는 등가대치능력. 어의상으로 동일한 능력을 가지고 있음을 가리킨다. 이 개념은 특정

인지 기능이 뇌의 다른 부분으로 대치할 수 있음을 뜻한다. 뇌 기능이 국지화되었다는 입장의 반대 개념이다.

† critical 임계적. 폴라니는 이 개념을 진화의 과정에서 모든 생명의 한계능력을 설명할 때 사용한다.

† conviviality 상호우호성. 명시적 앎 또는 명제적 지식으로 인하여 나타나는 모든 대립과 분절화 현상을 지적 열정을 통하여 해소하는 정서적 유대를 가리키는 개념. 이를 통하여 사실과 가치, 과학과 인문, 물질과 생물의 대립은 물론 사회의 병폐와 정치적 갈등을 해소할 수 있으며, 〈암묵적 영역〉에서는 진화과정상 하등동물과 고등동물 사이의 유대감을 설명하는 데 사용된다.

† the principle of matual control 상호견제원리. 연구결과에 대한 연구자 사이의 상호통제와 검증이 필요하다는 점을 강조한 용어. 이 원리는 전체주의 사회와 구분되는 자유사회의 지적 전통이면서 장점이다. 과학자들에게 책임의식과 소명의식을 요구한다. 또 이 원리에 따르면, 상이한 분야의 연구자들이 단일 기준을 가지고 해당 연구를 객관적으로 검증할 수 있다.

† stratification 성층화. 암묵적 힘에 의한 발현을 통해 생성되는 생물체의 위계 구조를 설명하는 진화의 개념. 성층화는 발현이라는 작동이 출현하는 틀을 제공한다. 한계통제원리를 이해하는 관건이다.

아마티아 센 서문
a new foreword by Amartya Sen

1

마이클 폴라니의 예지 가득한 이 책은 1966년 처음 출판되었다. 내용은 그가 출간 4년 전 예일대학 테리강연Terry Lecture에서 강의한 것이다. 이 책은 세계에 관한 지식, 지식의 세계에 관한 예리한 사상으로 가득찬 심오한 철학서이다. 이 책은 폴라니의 다른 철학서와 마찬가지로 다각적으로 주목을 받아왔으며 많은 논의를 양산해냈다. 어느 각도에서 보더라도, 이 책은 현재 인류 문화의 한 부분을 차지하고 있으며, 이 점에서 나는 이 책이 다시 간행된 것을 매우 기쁘게 생각한다.

흥미로운 사실은 폴라니가 학문세계에서 처음으로 명성을 얻은 분야가 철학이 아니라는 점이다. 이 책의 내용을 검토하고 그것이 함의하는 바를 평가해보면, 폴라니의 지적인 관심과 업적이 매우 특이하다는 것을 확인할 수 있다. 자신이 제기한 질문뿐만 아니라 자신이 내놓은 답에 자기 스스로 지적 관심과 흥미를 가지고 다시 도전하고 있었기 때문이다.

폴라니는 이 책을 집필하기 전부터 과학의 영역, 특히 물리화학 분야를 선도하는 뛰어난 과학자였다. 폴라니의 과학적 경륜은 아주 어릴 적부터 시작되었다. 그가 많은 찬사를 받았던 뇌수종 hydrocephalic 액에 관한 화학 논문을 발표한 것이 불과 19세 때 일이다. 이후 수십 년간 끊임없이 논문을 발표하여 많은 찬사를 받아왔다. 1933년 나치 정권이 들어서자 독일의 카이저 빌헬름 연구소의 연구직을 사임하고 영국 맨체스터 대학의 물리화학 교수직으로 옮기고 나서도 그는 자연과학 분야에서 선도적인 역할을 수행해 왔다.

그의 관심이 철학적 탐구로 옮겨가기 전(나는 그가 철학적 탐구를 '이행 중'이라고 표현하고 싶지만), 폴라니는 수 년 동안 경제학과 사회과학에 전념하였다. 그가 최초로 정치적인 문제에 관심을 갖게 된 것은 과학적 사고의 실체를 부정하는 소련의 환상을 깨부숴야 한다는 그의 소신 때문이었다. 그러나 그의 소련 과학에 대한 관심은 당시 공산당 치하의 소련 사회와 경제에 관한 관심으로 이어졌다. 맨체스터 대학의 물리화학 학과장으로 부임하고 2년이 지난 즈음, 폴라니는 소련 경제를 신랄하게 비판한 모노그래프를 출간하였다. 그리고 이어 5년이 지나서는 〈자유의 경멸 Contempt of Liberty〉이라는 정치 서적을 발간하였다. 이 시기 이후 그는 정치, 경제, 사회적 쟁점을 담은 일련의 책들을 집필하였다. 1944년 〈명백한 개혁 Patent Reform〉, 1945년 〈완전 고용과 자유 무역 Full Employment and Free Trade〉, 1946년 〈과학, 신념, 사회

Science, Faith and Society〉, 1951년 〈자유의 논리*The Logic of Liberty*〉 등의 저서가 여기에 해당한다. 이와 같이 그가 과학에서 사회 문제로 관심을 옮기게 한 결정적인 사건이 있었다. 실제로 1948년 맨체스터 대학은 그를 위하여 물리화학 학과장직에서 사회과학 학과장으로 옮길 기회를 특별하게 제공한 것이다.

내가 보아도, 그의 이러한 '변신'을 '단절'이라고 보는 것은 잘못이다. 자연과학에서 폴라니가 겪은 경험과 사상은 사회과학에서 겪은 것과 함께 어우러지면서 그의 철학 저술에 필연적으로 영향을 미치게 된다. 폴라니의 지적 여정의 세 번째 단계에서 이 책에 앞서 출간된 책이 1958년 〈개인적 지식*Personal Knowledge: Toward a Postcritical Philosophy*〉이다. 폴라니는 정신세계뿐 아니라 물리의 세계를 이해하려는 야심찬 시도를 그 나름 독특하게 감행한다. 그는 수천 년 동안 다양한 분야의 학자들이 전개한 사상 및 분석에 대하여 거의 무제한적 호기심을 갖는 것은 물론이거니와 상이한 분야에 걸친 자신의 연구를 바탕으로 하여 엄청나게 다양한 질문들을 추구할 소양을 갖추고 있었다. 나는 마이클 폴라니가 박식한 지적 배경을 가졌다는 사실을 아는 것이 그의 철학적 업적을 이해하는 데 필수적이라고 본다.

2

1962년 테리강연을 했을 때, 마이클 폴라니는 이미 70대 연령에 들어서고 있었다. 그 강연에 기초한 이 책이 1966년 처음 출판되었을 때, 〈타임즈*Times Literary Supplement*〉는 "폴라니 박사는 과학자로서 풍부한 경력을 바탕으로 생산적이고 독창적인 철학적 사고를 강력하고 지속적으로 발전시키고 있다"고 열정적으로 평한 바 있다. 폴라니는 스스로 자신의 철학적 연구를 '과학자로서 나의 경력에 대한 반성'이라고 하면서 이 책을 시작하고 있다.

하지만 이 책은 또한 자신은 물론 여러 사회 과학자들의 생각을 토대로 집필한 과학에 대한 책이기도 하다. 세상을 이해하기 위해 요구되는 확고한 지식을 수립하려고 한다면, 인간사와 함께 인간의 마음을 더 큰 틀에서 이해하는 과정에서 지식이 어떻게 형성, 변형되는가를 깊이 있게 이해할 필요가 있다. 이 점에 비추어보면 이 책의 출간은 폴라니가 과거부터 행해온 연구가 매우 의미 있다는 사실을 알게 한다. 과거 과학적 연구를 통해 그가 얻어낸 중요한 통찰은 연구업적 자체를 능가하는 가치를 지니지만, 그 연구업적은 그 통찰이 어떻게 활용되는지를 보여주어서 매우 가치 있는 것이다.

이 책에 담겨진 중요한 통찰은, 폴라니 스스로가 지적하듯이, '우리는 우리가 말할 수 있는 것보다 더 많이 알고 있다'는 사실이다. 예를 들어 우리는 어떤 얼굴을 인식하게 만드는 그 얼굴의 요소가 무엇인지 정확히 말할 수 없어도 그 얼굴은 충분히 명확하게 인식할 수 있다. 이러한 현상은 사람이 인상에 관한 독특한 사항들을 정확하고 세세하게 지각하지 못하지만, 그 세부 사항들을 전체적으로 통합할 수 있음을 강조한 게슈탈트 심리학과 관련된다. 폴라니는 쉽게 형식화되거나 명확하게 언어화될 수 없는 '암묵적 지식'이 세상에 편재하고 있음을 보여주고 있을 뿐만 아니라, 더 나아가 암묵적 지식이 우리가 세상을 파악하는 지식의 중추적 요소임을 보여주고 있다.

이 책의 첫 번째 장에서 폴라니는 암묵적 지식이 놀라우리만치 광범위하게 적용될 수 있음을 보여준다. 여기서 우리는 다음과 같은 시사점을 얻게 된다. 첫째, 암묵적 지식을 통하여 문제해결에 도움이 되는가를 판가름함으로써 지식의 타당성을 알 수 있다. 둘째, 암묵적 지식은 과학자로 하여금 자신이 해결하고자 하는 문제에 대하여 탐구 역량을 감잡게 해준다. 셋째, 암묵적 지식은 우리가 탐구하여 궁극적으로 발견한 결과가 불확정적일 수 있음을 예견하게 해준다.

3

폴라니는 또한 암묵적 지식을 원용하여 '메논의 패러독스'와 같이 플라톤이 제기한 역설적인 문제를 해결하려 한다. 명시적 문제에 초점을 맞추고 나서, 〈메논〉은 이미 알고 있는 경우에는 탐구가 더 이상 필요하지 않으며, 모르고 있는 경우에는 나중에 설사 뭔가를 알아냈다고 해도 자신이 무엇을 찾고 있는지를 모르기 때문에 탐구 자체가 불가능하다는 역설의 문제를 다루고 있다. 그러나 이와는 반대로, 폴라니는 암묵적 지식을 지식 문제의 중심에 놓고 보면, 우리가 찾고자 하는 것은 물론 찾고자 생각했던 것 이외의 것에 대한 지식도 얻을 수 있다고 주장한다. 이러한 관점에서 폴라니가 우리에게 주고자 한 교훈은 '암묵적 지식을 배제한 채 지식을 명제화한다는 것은 자충수'라는 것이다. 이처럼 지식의 언어적 명제화가 자충수라고 할 수 있는 것은 원래 규명하려는 문제의 본질을 파괴하는 요인이 다름 아닌 언어적 명료화이기 때문이다.

'암묵적 앎'의 본질과 적용 범위, 그리고 그것이 지니는 의미를 설명하면서, 폴라니는 '설명하고자 하는 대상의 총체적 실상이 곧 암묵적 앎에 의존하고 있음'을 입증하였다. 그리고 이를 토대로 하여 세상사는 여러 각도에서 이해할 수 있다는 것을 보여준다. '매우 특정한 사태에서 인간의 도덕 판단'이 이루어지지만 누구에게나 그것에 대한 책임을 부여할 수 있는 논의의 틀을 탐색하고자 하였다. '이제까지 기울여온 독창적인 노력을 결국 유기체의 진화와 관련시켜야 한다'고 지적하면서 폴라니는 이 책을 맺고 있다. 또한 이 문제가 영원히 미제에 그칠 것으로 이해해야 한다고 지적하였다. 나는 폴라니의 장대하고 세련된 논의를 감히 간추릴 생각이 추호도 없다. 그러나 이 책이 지향하는 바가 너무나 야심찬 것이어서 논점을 파악했다고 스스로 생각하는 독자들조차도 폴라니가 전달하고자 하는 바를 제대로 파악했다고 할 수 있을지 의문이다.

4

이 책을 포함하여 여러 책에서 폴라니가 다룬 광범위하고 인상적인 업적에도 불구하고, 그가 제기한 가치가 있는 질문은, 전문 철학자가 아닌 '국외자outsider'로서 제기한 것들이다. 폴라니의 아이디어가 종종 지적 토론, 심지어 철학 전문 분야에서 인용되기도 하지만 그것은 대개 그가 철학자로서 제기한 사안이 아니다.

이는 어떤 의미에서 보든지 폴라니가 의도한 바가 달성되지 못하였다는 뜻이 아니다. 철학 전문 영역 안팎에서 쟁쟁한 학자들의 관심을 끄는 매우 매력적인 철학적 논제라 하더라도 그것이

'내부자' 철학자들만이 독점적으로 제기할 수 있는 문제는 아니다.

일반적으로 퍼져있는 매우 흥미로운 사항들 가운데 하나는 낮은 수준의 특정한 사실을 설명하는 법칙을 가지고 그보다 높은 수준의 작용을 설명할 수 없다는 것이다. 이는 폴라니가 '생물학자들의 지배적 견해'라고 묘사한 바 있는, 생명체의 기능을 물리와 화학을 통하여 기계론적으로 설명할 수 있다는 환원론과 배치된다. 폴라니가 주장하는 암묵적 지식의 중요성은, 지식을 비인격적으로 객체화한다는 것이 불가능하며, 개인적 입장과 동떨어진 형태로 객관성을 추구할 수 있다는 것도 불가능하다는 데서 찾아진다. 폴라니는 이와 더불어 일련의 지식을 통하여 학풍을 조성함에 있어서 권위가 반드시 요구된다는 점과 전통이 중시되어야 한다는 입장을 견지한다. 비록 모든 독자들이 폴라니가 추론하는 일련의 고무적인 탐구 방식과 거기서 도출되는 결론에 전적으로 동의할 것이라고 보지는 않지만, 이 책은 독자들을 몰입시킬 만한 엄청난 흥미를 제공할 것이다.

5

폴라니의 철학적 공헌에 비추어 볼 때, 그가 영미철학 전통의 일원이 아니라 존경받는 국외자 상태로 남아야 했는가는 여전히 의문으로 남는다. 혹자가 지적했던 것처럼, 폴라니가 이른바 '대륙continental' 철학의 전통에 몸담고 있기 때문이라고 말하는 것은 온당한 답이 될 수 없다. 비록 영미철학과 대륙철학이 다른 전통을 갖고 있다고 할지라도, 영미철학은 대륙철학을 철학의 독특한 전문영역으로 다룬다. 이를테면 하이데거를 많이 공부하지 못한 영미철학자라 하더라도 그들은 간혹 다른 논점을 가지고 접근하긴 하지만 하이데거를 자신의 철학 전문 영역 안에서 충분히 논의해낸다. 마찬가지로 자연과학과 합리성에 일차적 초점을 맞춘 폴라니의 연구는 영미철학에서 논의되는 내용과 많은 부분에서 공통점을 지니고 있다.

그러면 이러한 사정을 어떻게 이해해야 하는가? 마이클 폴라니가 몰두했던 문제들은 그 당시 철학자들이 전문적으로 다루지 않았던 쟁점이었다는 데서 찾는 것이 더 타당한 답일 것이다. 예컨대, 논리적 실증주의가 쇠퇴하던 시점에서 철학적으로 제기된 찬반 논쟁 어느 편에서도 폴라니는 벗어나 있었다. 그는 지식이 성립하는 타당한 준거로서 반증가능성falsification이든 확증가능성verification이든 모두 단호하게 회의적인 태도를 보임으로써 실증주의 입장을 단호히 배격하였다. 또 그는 당시 부상하고 있었던 대안들도 동시에 거부하였다. 일례로, 그는 '일상 언어 철학ordinary language philosophy'으로 알려진 학문적 입장도 수용하지 않았다. 왜냐하면 폴라니는 명시적으로 표현되는 '언어 규칙linguistic rule'을 중요하게 여기지 않았기 때문이다. (이 문제에 대한 그의 입장은 〈개인적 지식〉에 보다 확실하게 나타나 있다.) 폴라니가 그 당시에 상당한 시간을 옥스퍼드에서 보내기는 하였지만, 그의 연구가 옥스퍼드 일상 언어 분석학파에 어떤 영향을 받았다고 보기는 어렵다.

이와 관련시켜 볼 때, 폴라니는 〈논리철학논고Tractatus Logico-Philosophicus〉로 대변되는 '비트겐슈타인 전기 철학'에 동의하지 않았다. 무엇보다도 폴라니는 중요한 인지작용이 언어화되는 방식으로 이해된다고 믿지 않았다. 그렇다고 비트겐슈타인이 〈논리철학논고〉에서 제안한 것처럼 '침묵해야 할' 어떤 이유도 없다고 보았다. 더욱이 〈철학적 탐구*Philosophical Investigation*〉로 대변되는 '비트겐슈타인 후기 철학'도 그의 전기 철학만큼 폴라니를 만족시키지 못하였다. 그 시기 영미 철학자들이 몰두한 열띤 철학적 논쟁은 오히려 폴라니를 냉정하게 만들었으며, 이것이 바로 그를 주류 철학에 쉽게 합류하게 못하게 한 사연이라고 볼 수 있다.

이와 같이 폴라니가 철학자 집단 내부에 합류하지 않고 철학적 논쟁의 국외자로 머물러 있게 한 더 중요한 요인은 다른 데 있다. 무엇보다도 폴라니가 실제 주류 철학의 국외자로 남아있기를 스스로 '선택했다'는 것이다. 그의 저술은 철학적 내용을 포함하지만 표준적 의미의 철학책들과는 다른 방식으로 쓰여졌다. 철학적으로 예리하게 규정된 질문과 다소 지나치리만치 세밀한 답변이 뒤따르는 논의형식에 폴라니는 전혀 매력을 느끼지 않았다. 뿐만 아니라 그는 동일한 진술에 대하여 명시적으로 다양한 해석을 가하는 철학적 논의 방식과 그 각각에 대하여 장황한 분량의 논의를 가하는 방식을 취하지도 않았다.

폴라니가 취한 입장은 다름 아닌 통상 대안적으로 내려진 해석이나 여러 반론에 대하여 꼼꼼히 논의하는 방식보다는 전광석화와 같은 심오한 통찰력을 중시하는 것이다. 그러나 여기서 영미철학자들이 간과한 사실들이 오히려 철학적 문제에 관심 있는 일반 독자에게 기쁨과 위안을 제공하는 원천이 될 수 있다. (예컨대 '의도intention'의 의미에 관하여 공부하고자 한다면 영미철학자들의 200쪽이 넘는 분석에 집중해야 한다는 것을 생각해보면 왜 위안이 되는

지 짐작할 수 있다.) 이러한 나의 지적이 옳다면, 한편으로 폴라니 연구가 대중성을 가졌다는 사실과, 다른 한편으로 전문 철학 연구와는 다소 거리가 있는 방식을 취했다는 사실은 상이한 현상이라기보다는 폴라니의 철학적 저작이 드러내는 동일한 특징이라고 볼 수 있다.

마이클 폴라니가 자신의 폭넓은 사상이 널리 소통되기를 원하였고, 또한 전문적인 철학적 논의가 지나치게 꼼꼼하게 이루어진 것을 마땅하게 생각하지 않았기 때문에, 이 책을 통한 상호교류에 그가 매우 기뻐했을 것이라고 나는 생각한다. 그는 철학자로서 손색없는 사상을 지닌 사람이어서 자신의 이론이 편협하게 획정된 철학 영역의 안과 밖 어디에서 다루어진다고 해도 괘념하지 않았을 것이라고 생각된다. 내가 보기에 폴라니 자신이 기존의 철학으로부터 거리를 두고자 했던 것은 그의 명시적 선택이기보다는 아마도 자신의 암묵적 결정이었을 것이다.

비범한 이 책의 재출간은 마이클 폴라니의 사상이 철학의 전형적 문제에 얼마나 광범위하게 걸쳐 있으며, 또한 그 문제를 근원적인 시각에서 다루고 있는지를 확인할 새로운 기회를 우리에게 제공해 준다. 우리가 사는 세계를 근원적으로 파악하고 이해하는 데 크게 기여하는 이 책의 재출간에 내가 작은 역할을 했다는 것은 나에게 있어 매우 귀중한 특권이 아닐 수 없다.

아마티아 센

저자 서문

이 책은 내가 20년 이상 탐구한 데 대한 활동의 중간보고서에 해당한다. 나의 아이디어는 1946년 최초로 〈과학, 신념, 사회 *Science, Faith and Society*〉에서 체계적인 형태로 발표되었다. 과학이 감각적 지각의 변형된 형태라는 나의 생각은 '과학과 실재', '권위와 양심', 그리고 '헌신 아니면 고역servitude'이라는 세 가지 주제의 강연에서 밝힌 바 있다. 1951년에서 1952년까지의 아버딘 Aberdeen의 기포드 강연Gifford Lectures에서, 나는 이 주제들을 동물과 인간의 삶 전반에 관련시킴으로써 인지적 영역의 확장을 꾀하고자 하였다. 그 연구 성과가 1958년 출간된 〈개인적 지식 *Personal Knowledge*〉이다. 이 책은 1959년 출간된 〈인간의 연구 *The Study of Man*〉라는 소책자에서 역사기술적 관점historiography에 의하여 보강되었다. 그 이후 나는 이 연구를 지속하여 비록 출간되지 못한 연구물도 있긴 하지만, 나의 연구를 수록한 뒤의 〈참고문헌〉에 제시된 20편의 논문을 발표하였다.

이 책은 내가 최근 9년간 수행한 연구를 책 형식에 담은 첫 번째 결과물이다. 그래서인지 남모를 기대와 우려 때문에 출간이 다소 지연되었다. 한 단계 과정을 거치면 사정이 좀 나아지겠지 하는 유혹이 일을 엄밀하게 대하는 태도에 방해가 되었고, 그래서 현재의 이론이 차후에는 별 것이 아닐지 모른다는 긴장감이 깊어지기도 하였다.

테리 강연Terry Lecture에서 밝힌 〈메논Meno〉에 대한 나의 견해가 옳다는 것을 확신하는 데 3년이 걸렸다. 내 견해는 〈화학공학 뉴스Chemical Engineering News〉 제44권 제17호[1966]*에 수록된 나의 논문 "창조적 상상력"에서 만족스러우리만치 분명히 제시되었다. 인간이 문제를 조망하고 파악하는 역량에 관하여 내가 테리 강연에서 강조했던 내용 역시 〈과학, 신념, 사회〉에서 이미 언급되었던 것이다. 또한 테리 강연에서 암묵적 앎은 인지된 대상을 통하여 이루어지는 뇌신경 프로세스를 감지하는 방식이라고 제안한 바 있다. 이 논점은 최근 〈브레인Brain〉 제88권[1965]의 799-810쪽에 수록된 내 논문 "의식의 구조"에서 다시 확인할 수 있을 것이다.

1962년의 테리 강연은 나의 입장을 정확하게 대변해준다. 강연 1부와 2부의 원고는 사실상 전혀 바뀌지 않은 채 남아 있다. 강연 3부의 시작과 끝부분도 내용의 변경 없이 그대로 남아 있으나 세부 내용은 사회과학적 관점을 첨가하여 보다 상세하게 보완하

---

* (원저자 주) 이 에세이는 1965년 8월 Bowdoin College에서 개최된 문화적 통합의 기초를 공부하는 스터디그룹을 위해 작성되었으며, 이 학술대회 자료집으로 출간된 〈심리학적 쟁점Psychological Issues〉에 "지식의 통합을 향하여"로 수록되었다.

여 새로운 모습을 갖추게 되었다.

　이 책에 수록된 내용을 8년 전 출간된 나의 책 〈개인적 지식〉과 〈인간의 연구〉의 관점에서 볼 때, 암묵적 앎의 필요성으로 인하여 연구 참여에 대한 나의 기대가 오히려 감소되었다는 것을 알게 되었다. 우리 사고의 핵심적 내용은 부수적으로 인지한 요소에 의하여 파악되고, 사고는 몸의 일부가 작동하는 것처럼 부차적인 요소들이 수반하여 이루어진다는 것을 보여준다. 따라서 사고한다는 것은 브랜타노Brentano의 주장처럼 단지 의도가 작용하는 것에 그치는 것이 아니라 사고를 구체화하는 근원이 필연적으로 엉겨붙는다는 것을 말한다. 따라서 사고는 '~으로부터 ~으로 -from-to'의 구조를 갖추고 있다.

　사고가 이러한 구조에 다양하게 작동하는 것을 보면 사고가 재현되는 온갖 형태를 잘 설명할 수 있다. 지식의 성격과 근거가 일련의 가시적인 조작에 따라 설명되지 않는다는 사실은 별도의 철학적 가정을 내세우지 않아도 명확하게 입증되는 셈이다. 다른 관점에서 보면 실존주의적 사고가 대척점에 서 있다. 신체가 움직일 때 하부기관이 뜬금없이 작동하는 것처럼 새로운 사고는 실존적 관점에서 작동하는 것처럼 보인다.

　그러면 우리는 인간의 운명을 거창하게 거론하지 않더라도 모든 주요한 실존적 행동을 손쉽게 설명할 수 있는 모형을 갖게 되는 셈이다. 나는 여기서 창의성이 새로운 가치를 낳는다고 할 때, 그 새롭게 나타나는 창의성이라는 가치는 암묵적으로 생겨나는 것이라는 점을 보여줄 것이다. 우리는 명시적으로 드러난 새로운 가치들을 선택하는 것이 아니라 새로운 가치를 창조하거나 채

택하는 행위를 통하여 그 가치를 받아들인다.

　나는 수용하는 참된 신념을 입증할 책임을 회피하려는 시도는 부당하다고 믿는다. 하지만 무에서 가치를 선택한다는 실존주의자들의 주장 역시 부당한 것임에 틀림없다. 사고는 우리가 살아 숨쉬는 현실에서 뭔가를 선택한다는 가정 아래서 살아 숨쉴 수 있는 것이다.

1966년 4월
웨슬런 대학교 고등연구소에서
Center for Advanced Studies Wesleyan University

1

암묵적 앎

-

Tacit Knowing

🌢 암묵적 앎

    여러분들 중 상당수는 내가 과학자로서 경력을 쌓은 다음 철학에 관심을 가졌다는 것을 알 것입니다. 이러한 변화 이후에 내가 취한 입장을 말씀드리고 싶습니다. 이는 이 강의의 목적과도 관련이 있기 때문입니다.

    나는 과학의 정당한 가치를 부정하는 스탈린 체제 아래 소련에 대항하여 처음으로 철학적 문제에 접하게 되었습니다. 나는 1935년 모스크바에서 부하린*과 가진 대화를 잊을 수 없습니다. 비록 그는 당시 공산정권 하에서 몰락의 처지에 있었고 결과

---

* (역자 주) 니콜라이 부하린(Nikolay Ivanovich Bukharin: 1888. 10. 9 ~ 1938. 3. 14): 러시아의 공산주의자. 마르크스주의 경제 이론에 정통했으며 제3인터내셔널(Comintern)의 중심인물. 1924년 레닌이 사망한 후 부하린은 당 중앙위원회 정치국원에 올랐고, 요시프 스탈린과 더불어 급속한 공업화 및 농업집산화 대신 점진적인 경제개혁을 추진한다는 요지의 '신경제정책'(1921년 레닌에 의해 공표됨)을 지지. 스탈린은 레온 트로츠키, 그리고리 지노비예프, 레프 카메네프 등 당내 주요 라이벌의 제거를 위해 부하린을 잠정적인 제휴세력으로 이용하였으나, 나중에 스탈린에 의해 숙청됨.

적으로 삼 년 후 처형을 당하였지만, 여전히 공산당의 선도적 이론가로 자처하였습니다. 소련의 순수 과학 추구에 관하여 질문하였을 때, 그는 순수 과학이 계급 사회가 낳은 병폐라고 답하였습니다. 또 사회주의 체제 하에 과학 그 자체를 위해 추구되는 과학의 개념은 사라질 것이며, 그것은 과학자들의 관심이 소련의 5개년 계획에 따른 현실적인 문제에만 쏠릴 것이기 때문이라고 하였습니다.

과학적 확실성은 현실적으로 설득력을 갖는가에 초점을 맞추어야 한다는 사회주의 이론은 과학적 사고가 현실과 독립적으로 존재해선 안 된다는 관점으로 이어진다는 사실에 나는 충격을 받았습니다. 그가 표방한 과학적 견해는 기계론적 인간관과 역사관에 근거한 것이어서 과학이 그 자체로 존립할 근거를 박탈해 버린 것으로 보입니다. 이러한 관점은 사고의 자생 능력 자체를 부인함으로써 인간이 자유롭게 사고할 여지마저 아예 부정해 버립니다.

나는 또한 이처럼 해괴한 사고의 자기희생이 강력한 도덕적 동기에 의하여 비롯되었다는 점을 알 수 있었습니다. 역사의 기계론적 전개관은 필연적으로 보편적 정의universal justice라는 개념을 불러들이게 됩니다. 보편적 우애라는 사회주의 이상을 성취하기 위해 요구되는 물질적 필요는 과학적 회의주의에 의존하게 만듭니다. 그 결과 회의주의와 이상주의는 회의적 광신주의라는 새로운 형태 속에서 혼재하게 됩니다.

인류 문명은 혹독하리만치 합리적 명석함과 확고한 도덕적 양심이 혼재하면서 이어져 왔지만, 어떤 경우에는 이 둘이 이상하게 결합하여 무조건적인 혁명의 필요성을 낳기도 하고 때로는 혁명과 관계없이 현대 인간관에 대한 회의를 증폭시키기도 했습니다. 따라서 나는 이러한 현상이 왜 일어났는가를 탐구하기로 결심하였습니다.

내가 탐구한 결과는 나로 하여금 우주의 섭리에 근거한, 사고와 존재가 조화롭게 상존한다는 새로운 지식관을 갖게 하였습니다.

나는 '우리는 우리가 말할 수 있는 것보다 더 많이 알고 있다'는 사실에 근거하여 지식 문제를 재고해 볼 것입니다. 이 말은 분명해 보이기는 하지만, 그 의미가 정확히 무엇을 가리키는지 명확하게 말하기 어렵습니다. 예를 들겠습니다. 우리가 어떤 사람의 얼굴을 안다고 할 때, 그것은 우리가 수만 명 가운데 그를 정말로 인식할 수 있다는 것을 가리킵니다. 그러나 그렇다고 해서 우리가 아는 얼굴을 어떻게 인식하는지를 정확하게 말할 수 있는 것이 아닙니다. 따라서 이러한 지식의 대부분은 말로 표현할 수 없습니다. 그러나 경찰은 최근 이러한 지식이 의사소통되도록 한 가지 방법을 도입하였습니다. 그들은 다양한 형태의 코, 입, 그리고 그 밖의 얼굴의 다른 부분들을 조합한 여러 가지 사진을 보여주는 방법을 개발해 내었습니다. 이 방식을 이용하여 목격자가 목격한 얼굴의 유사한 부분들을 조합하여 그가 인식한 얼굴에 접근하는 꼴을 만들어내도록 하였습니다. 이러한 예는 우리 자신을 표현할 적절한 방법이 주어진다면, 공유가 어렵다고 여겨졌던 인상학physiognomy에 관한 지식을 상호 공유할 수 있다는 사실을 암시합니다. 그러나 경찰이 적용하는 이러한 방법이 가능하다고 해도 '우리는 우리가 말할 수 있는 것보다 더 많이 알고 있다'는 사실에 어떤 영향을 주지 않습니다. 더욱이 경찰이 미리 마련해놓은 다양한 얼굴의 정보들과 우리가 기억하는 요소들을 짜 맞출 수 있다 하더라도, 우리는 여전히 우리 자신의 그러한 행위를 어떻게 했는지 설명할 수 없습니다. 결국 이러한 의사소통 제한은 말로 표현할 수 없는 지식이 존재한다는 사실을 입증하는 것입니다.

일반적 측면과 기술적 측면 모두에서 사람의 정체성을 확인하는 구조를 갖는 인상학적 특징을 인식할 수 있다는 것을 입증할 여타의 사례는 많이 있습니다. 우리는 아주 모호한 기호를 사용하는 경우와 같이 얼굴을 기호로 설명할 수 없어서 사람 얼굴 전체가 풍기는 분위기를 통하여 얼굴을 파악합니다. 같은 취지에서 대학에는 질병의 다양한 사례들이나 암석과 동식물의 표본들을 감식할 수 있도록 학생들을 가르치는 현장 수업이 많이 개설되어 있습니다. 모든 실증 과학은 인상학이 용어와 심지어 도해를 통해 충분히 기술될 수 없는 데도 불구하고 인상학적 방법을 이용하려고 연구하고 있습니다.

하지만 다시 한번 생각해보면 실습을 통하여 인상을 파악하도록 가르칠 수 있다는 사실은 우리가 사람의 얼굴을 인식할 때 활용하는 지식이 말로 표현될 수 있음을 증명하는 것은 아닐까요? 그러나 그것은 실습에서 언어를 통해 주고받는 의미를 이해하려고 애쓰는 학생의 지적인 관심이 상호 교류되었을 때 가능한 것입니다. 실지로 외부 사물을 지칭하는 어떤 말을 정의한다는 것은 그 사물에 따라붙는 의미에 집중하는 것임에 틀림없습니다. 이처럼 이름과 의미를 짝짓는 방식은 직접적인 증거를 수반한다는 의미에서 "명시적 정의ostensive definition"라고 합니다. 하지만 이 정의 방식은 해당 언어가 가리키는 바를 전달하고자 할 때 그것을 전달받는 상대방의 지적 노력이 요구된다는 사실을 은폐하고 있습니다. 여기서 강조하고자 하는 중요한 점은 전달하고자 하는 바가 우리가 말로써 표현할 수 없는 것으로서 그 이면에 남겨져 있다는 것입니다. 이러한 점을 인정한다면 우리가 도저히 말로 표현할 수 없는 사실에 있어서조차 상대방은 그 의미를 파악하고 있다는 사실을 인정하지 않을 수 없습니다.

게슈탈트 심리학이 우리가 사람 인상의 세부 사항들을 일일이 파악하지 않더라도 그것들을 통합된 형태로 인식함으로써 그 사람의 인상을 식별한다는 것을 입증한다는 점에서, 나의 분석은 이 같은 게슈탈트 심리학의 입장과 밀접하게 관련되어 있습니다. 그래서 나는 여태까지 간과되어 왔던 게슈탈트 심리학에 주목하고자 합니다. 게슈탈트 심리학은 망막이나 두뇌에 박힌 얼굴의 세부사항들이 자생적인 평형과정을 거쳐서 사람 얼굴을 전체적으로 인식한다고 가정합니다. 하지만 나는 지식을 형성하는 과정에서 경험이 적극적으로 작동한다고 보는 게슈탈트 심리학의 관점에 주목합니다. 나는 이처럼 지식을 통합적으로 형성하는 데 있어서 가장 중요하고 필수불가결한 암묵적 힘tacit power이 요구된다고 주장하며, 또 이것이 진실임을 밝히고자 합니다.

게슈탈트의 구조는 암묵적 사고의 논리에 투영되어 있기 때문에 이것이 대상을 전체적으로 파악하도록 사고의 범위와 관점을 변화시킵니다. 가장 높은 수준의 통합은 어렴풋이 형태를 떠오르게 합니다. 이런 현상은 과학과 예술의 천재가 지닌 암묵적 능력에서 분명하게 나타납니다. 이런 관점에서 숙련된 임상 의사의 처방술을 이론적으로 어설픈 방식이라고 여길 수도 있습니다. 하지만 예술적 재능이건, 운동 재능이건, 혹은 기술적 재능이건 간에 그것이 어떤 능력의 수행이라는 점에서 모두 암묵적 능력과 관련됩니다. 우리는 여기서 앎의 사례들을 지적인 것과 실제적인 것으로 나눌 수 있습니다. 그것은 독일어의 "wissen"과 "können," 그리고 라일Gilbert Ryle이 구분한 "명제적 지식knowing what"과 "방법적 지식knowing how"에 상응합니다. 앎의 이 두 가지 측면은 비슷한 구조를 가지고 있고 상호 관련되어 있어서, 어느 하나가 없으면 다른 하나도 성립하지 않습니다. 의사의 진료 기술이 명시적 관찰 결과에 결합될 때 효력이 있다는 사실에 비추어 이 점은 분명합니다. 따라서 나는 '앎'의 영역은 항상 실제적 지식과 이론적 지식을 모두 포함한다고 주장합니다. 그 결과 우리가 외과용 침구鍼灸나 과학적 탐침기를 사용할 줄 아는 능력을 실제적 지식이라고 하면서도, 여기서 얻어낸 결과를 별도로 언어를 통하여 명제화해서 기록을 남기기도 합니다.

정작 게슈탈트 심리학이 집중하였던 분야인 지각이 오히려 목하 관심사인 암묵적 앎의 의미를 격하시키고 있습니다. 그러나 암묵적 앎은 지각 작용이 두드러지게 나타나는 실체적 동작과 인간의 창의 능력을 연결시켜 주는 가교역할을 수행합니다.

최근 심리학 실험 결과들은 지식이 암묵적으로 획득되는 기제가 따로 존재한다는 사실을 입증하였습니다. 여러분들은 기계의 작동에 숨겨진 의도를 은연중에 드러내 주는 실험에 관하여 들어보았을 것입니다. 하지만 그 기계들은 실제 우리가 알고 있는 것 중에서 말로 표현할 수 있는 능력만을 파악하게 하는 초보적 장치에 불과합니다.

1949년 라자루스Lazarus와 맥클러리McCleary의 실험 결과에 입각하여, 심리학자들은 이 능력을 '잠식潛識 subception'의 과정이라고 불렀습니다.[1] 이들은 피험자에게 무의미 음절을 많이 보여준 다음, 음절에 대한 반응에 따라 피험자에게 전기충격을 가하도록 하였습니다. 그 결과 피험자는 '전기충격 음절'을 보면 또 다시 전기충격이 올 것을 예견한 것입니다. 그러나 의아한 점은 피험자가 전기충격 받은 음절을 제대로 인식하지 못한다는 점입니다. 그는 전기충격이 가해질 것에만 집중하고 예측하였지 정작 전기충격이 가해지는 음절이 어떤 것인지를 전혀 파악하지 못한 것입니다. 피험자는 언어로 표현할 수 없는 기호에 따라 사람을 알게 되는 과정과 유사한 방식으로 지식을 획득하게 됩니다.

이와 같은 현상의 또 다른 예는 1958년 에릭슨Eriksen과 퀴테 Kuethe의 실험입니다.[2] 그들은 '전기충격 어휘'였던 특정 단어와 관련하여 발언을 하면 전기충격을 주었습니다. 이에 피험자는 즉각적으로 반응하여 관련 단어를 말하지 않음으로써 전기충격을 피하려 하였습니다. 그러나 의아하게도 피험자는 자기가 피하려고 하는 행동과 관련된 어휘 그 자체를 지각하지 않고 있었습니다. 여기서 피험자는 실제적으로 충격을 피하려는 것을 알고 있지만, 그 행동이 어떻게 작동하는 것인지 말할 수 없습니다. 이러한 '잠식'은 실행 능력을 갖도록 기능합니다. 여기서 기능이란 명백하게 특정 지을 수 없는 관계 속에서 일어나는 아주 초보적인 근육 운동이 결합하여 일어나는 것을 가리킵니다.

이러한 실험들은 우리가 말할 수 있는 것보다 훨씬 더 많이 알고 있다는 사실을 명백하게 입증해 줍니다. 대개 실험이란 자기모순이 되는 의문이 생기지 않도록 구안하는데도 불구하고, 연구자는 자신이 알고 있으면서도 말로 표현할 수 없는 것에 대하여 언급하고자 하는 유혹을 떨칠 수 없습니다. 사실은 실험에 참여하는 행위 주체와 관찰자를 따로 떼어내 보니 이런 자기모순의 결과가 나타나는 것입니다. 실험자는 행위 주체인 피험자가 말할 수는 없지만 무엇인가를 알고 있다는 것을 관찰한다고 하지만, 그가 알고 있는 것은 말로 표현할 수 없는 것이기 때문에 어느 누구도 그 지식에 대하여 말할 수 없습니다.

따라서 다음과 같이 말할 수 있습니다. 좀 전에 내가 인용한 두 개의 전기충격 실험에서 '잠식'을 추론할 수 있습니다. 첫 번째 실험의 피험자는 무의미 음절을 본 후 전기충격을 받은 결과, 전기충격이 있을 것이라고 기대하게 되었습니다. 두 번째 실험의 피험자는 전기충격과 관련시켜서 말을 삼가지 않으면 전기충격을 받게 된다는 것을 학습하였습니다. 두 실험에서 피험자는 모두 전기충격을 가하는 특정 행위를 암묵적으로 인식하였지만, 그것이 무엇인지 확정할 수 없었습니다. 오로지 전기충격을 예상함으로써 특정 행위를 막연하게 감지할 수 있을 뿐이었습니다.

이제 우리는 암묵적 앎의 기본 구조를 알아보겠습니다. 여기에는 항상 두 가지가 포함됩니다. 이를 암묵적 앎의 두 가지 항項 terms이라고 하겠습니다. 위의 실험에서 충격과 관련된 언어들이 첫 번째 항이며, 이에 따라 주어진 전기충격이 두 번째 항입니다. 피험자는 이 두 가지 항이 관련되었다는 것을 파악하고 나서, 관련 음절을 보여주거나, 충격 관련 특정 언어를 말하게 되면 충격이 온다는 것을 알기 때문에 이러한 반응을 피하고자 합니다. 그러면 이 관련을 왜 암묵적이라고 해야 할까요? 우선 피험자가 전기충격을 피하려고 온갖 주의를 기울인 결과입니다. 즉 피험자가 전기충격을 야기하는 데에만 모든 관심을 집중했기 때문입니다. 따라서 우리는 피험자가 전기충격 회피에 관심을 집중한 결과 이와 관련된 특정행동을 감지하고 인식하게 된 것이라고 말할 수 있겠습니다.

여기서 암묵적 지식의 두 가지 항이 맺고 있는 논리적 관련을 규명해 보겠습니다. 암묵지는 다른 두 가지 종류의 앎이 결합되어 있습니다. 두 번째 항을 구성하는 것은 전기충격입니다. 전기충격은 피험자가 겪어보았기 때문에 '명시적으로' 알고 있는 요인입니다. 그러나 전기충격을 가져오는 자극이 있다는 것은 그것이 무엇인지를 확인해서 아는 것이 아니라 오로지 전기충격에 주의를 기울임으로써 어렴풋이 파악하게 됩니다. 따라서 전기충격을 주는 요인을 암묵적으로 알게 됩니다. 이런 요인들이 정작 무엇인지를 명백하게 언어로 표현하지 못함에도 불구하고 이들을 파악할 수 있게 됩니다. 이것이 암묵적 앎의 과정에 포함된 두 가지 항이 기능적으로 작용하는 관계입니다. 오로지 두 번째 항에 주의를 기울이기 위해서 첫 번째 항의 식識 awareness에 의존함으로써 첫 번째 항의 의미를 알게 됩니다.

오스틴 패러Austin Farrar는 의지의 자유에 관한 자신의 책에서, 다른 것에 주의를 기울임으로써 원래 파악하고자 하는 것'으로부터' 주의를 빼앗아간다는 것을 언급한 바 있습니다. 이 사실을 원용해보면 암묵적 앎의 행위란 그 이외의 행위에 주의를 기울이게 됨으로써 파악된다고 말할 수 있습니다. 즉, 암묵적 앎의 관계에서 첫 번째 항'으로부터' 두 번째 항'으로' 관심을 이전시키는 것입니다. 여러 가지 측면을 고려할 때 첫 번째 항이 우리에게 더 가까우며, 두 번째 항은 우리로부터 멀리 떨어져 있다는 것을 알 수 있습니다. 해부학 용어를 사용하자면, 첫 번째 항은 '근접近接항proximal'이며, 두 번째 항은 '원접遠接항distal'이라고 할 수 있습니다. 우리가 알고 있으면서도 말할 수 없는 지식이 존재하는 이유는 바로 근접항 때문입니다.

인상학의 경우, 우리는 얼굴에 포함된 여러 특징들에 주의를 집중함으로써 그 사람의 인상을 파악한다고 말할 수 있을 것입니다. 우리는 얼굴에 포함된 여러 특징들로부터 주의를 기울여 얼굴 전반의 인상을 파악하지만, 그 세부적 특징을 상세하게 파악하지 않습니다. 마찬가지로, 우리가 어떤 기술적 능력을 발휘하는 데 작용하는 세세한 근육 운동에 의존한다고 말할 수 있습니다. 그러나 우리는 정작 이러한 근육 동작의 기본 요소들이 아니라 그 동작이 이루어내는 행위를 성취하는 데 주의를 기울입니다. 그렇기 때문에 그 기본적 구성요소들을 명확하게 파악할 수 없습니다. 우리는 이를 암묵적 앎의 **기능적 구조**functional structure라고 부를 수 있습니다.

이에 대하여 다음과 같은 의문을 제기할 수 있습니다. 무의미한 음절과 전기충격이 결합된 실험 상황을 통하여 특정 음절이 나타나면 전기충격이 가해진다는 예측을 학습함으로써 그 실험 상황을 명백한 현상으로 파악할 수 있지 않겠는가라는 의문이 듭니다. 매우 미묘한 문제이지만 그럴 수도 있습니다. 하지만 피험자의 전기충격에 대한 예견이 처음엔 모호하지만 끊임없이 주어진다면, 전기충격에 대한 예상치가 어떤 순간에 갑자기 오르다가 급감하는 등 격렬하게 요동친다는 것을 파악할 수 있습니다. 그래서 피험자가 충격과 관련된 음절과 그렇지 않은 음절을 구분하지 못한다 해도 전기충격을 받을 것을 심리적으로 파악함으로써 전기충격과 관련된 음절을 직면하게 된다는 점을 인식하게 됩니다. 달리 말하자면 전기충격의 가능성이 있는 음절에 우리의 주의를 집중시킴으로써 우리는 그 음절이 있다는 것을 파악하게 됩니다. 이를 인상학의 경우에 적용한다면, 우리는 주의를 집중한 특정 얼굴의 특징에만 관심을 갖게 됩니다. 어떤 기술을 연마하는 데 있어서 우리는 특정한 근육의 움직임에 집중함으로써 그 기술을 근육의 움직임을 통하여 파악하게 됩니다. 일반적으로 우리는 원접항을 드러내기 위하여 먼저 근접항을 암묵적으로 파악한다고 말할 수도 있을 것입니다. 우리는 알려고 하는 것이 아닌 다른 것이 외견상 드러남에 따라 그것에 주의를 집중함으로써 암묵적 지식의 존재를 파악할 수 있습니다. 우리는 이것을 암묵적 앎의 **현상적 구조**phenomenal structure라고 부를 수 있습니다.

하지만 기능적 측면과 현상적 측면이 결합된 것은 암묵적 지식의 두 가지 항이 관련되기 때문입니다. 특정 음절을 보면 전기충격이 예견될 경우, 우리는 그 음절들이 우리에게 전기충격을 연상시켰다고 말할 수 있을지도 모릅니다. 우리는 이 관계에서 의미를 찾아냅니다. 그러므로 우리가 전기충격 음절이 무엇인지 제대로 확인할 수 없음에도 그것을 파악할 수 있다고 보는 것은 오로지 음절의 의미를 통해서 음절을 파악하기 때문입니다. 하지만 그 의미란 우리의 관심사가 다른 데로 집중된 데서 생긴 것입니다. 그러니까 우리는 원래 관심사에서 주의를 끊고 관심사를 외형상 드러난 것으로 돌려 거기서 의미를 찾는 것입니다.

이런 점에서 얼굴의 주된 특징은 그 사람의 전체적인 인상에 담긴 의미를 가리킵니다. 실제로 이는 어떤 사람의 인상이 특정 분위기를 자아낸다고 할 때 함의하는 바이기도 합니다. 그렇다면 어떤 사람의 얼굴을 인식해내는 것이 그 얼굴에 담긴 공통된 요소를 추출해서 파악해낸 것이라고 말할 수 있을지도 모릅니다. 그러나 이는 견강부회牽強附會입니다. 어떤 얼굴의 특징이 파악되는 것은 그것이 파악되는 상황에 의존하는 것이기 때문입니다. 따라서 심리적으로 파악되는 특징과 의미를 요소로 따로 떼어내서 생각하는 것은 어렵습니다. 그럼에도 불구하고 어떤 사람의 얼굴을 세세하게 뜯어보지 않아도 그 사람의 인상을 알 수 있으려면 두 가지 항을 뚜렷하게 구분해야 합니다.

암묵적 인식 작용을 통하여 어떤 의미를 명확하게 추출해내는 예로서, 동굴 조사용 탐침을 사용하는 경우와 맹인이 지팡이를 두드려 길을 감지하는 경우를 들 수 있습니다. 이 두 가지 항이 별개로 떨어져 있지만, 암묵지가 발생하면서 함께 함을 확인할 수 있습니다. 처음 탐침봉을 사용하는 사람이라면 누구나 자신의 손가락과 손바닥에 감지되는 어떤 것을 느낄 것입니다. 그러나 우리는 탐침봉 사용법이나 맹인이 길을 감지하기 위해 지팡이 사용법을 감각적 방식으로 배우면서 손에 와 닿는 것을 파악한 것이 대상 물체에 대한 의미 있는 경험으로 변환된다는 것을 압니다. 이것이 어떻게 의미 없는 느낌들이 의미 있는 느낌들로 뒤바뀌지는지를 보여주면서 동시에 처음 느낌과는 다소 동떨어진 의미를 파악하게 합니다. 주의를 기울여 탐침봉과 지팡이 끝에서 감지한 의미가 손으로 감지하게 됩니다. 이것이 우리가 도구를 사용할 때 흔히 느끼는 것입니다. 우리는 파악하고자 하는 대상에 작용하는 것을 파악함으로써 손에 전달되는 의미에 집중하게 됩니다. 우리는 이것을 암묵적 앎의 **의미론적 측면**semantic aspect이라고 부를 수 있습니다. 모든 의미는 우리 자신의 느낌과 동떨어져 있다고 여기는 경향이 있습니다. 이는 내가 암묵적 지식의 첫 번째 항과 두 번째 항을 기술하기 위해 각기 명명한 '근접항'과 '원접항'을 정당화해 줍니다.

이제까지 규정한 암묵적 앎의 세 가지 측면, 즉 기능적 측면, 현상적 측면, 그리고 의미론적 측면에서 암묵적 지식의 네 번째 측면이 무엇인가를 추론해 보고자 합니다. 이 네 번째 특징은 **존재론적 측면**ontological aspect을 드러냅니다. 암묵적 지식의 두 가지 항 사이에 의미 있는 관계가 있기 때문에 우리는 이 두 개의 항이 함께 구성하는 총괄적 실체를 파악할 수 있습니다. 근접항은 총괄적 실체의 구체적 특정 사례를 가리키는 것이므로 우리는 두 가지 항이 결합된 실체를 파악하기 위하여 그 구체적인 사례의 파악에 의존한다고 말할 수 있습니다.

이러한 분석을 시각적 인식의 경우에 적용하면 흥미로운 결과를 얻어낼 수 있습니다. 오래 전 생리학자들은 우리가 사물을 보는 방식이 감각 그 자체만으로는 감지할 수 없는 우리 몸 내부의 어떤 노력을 파악함으로써 이루어진다고 주장하였습니다. 우리는 우리가 주의를 기울인 대상의 위치, 크기, 모양 및 움직임에 따라 우리 몸 내부에서 그 대상을 파악한다는 것입니다. 달리 말해서, 우리는 이러한 내적 과정을 단초로 출발하여 외부 대상물의 특성을 파악하는 것입니다. 이러한 대상물의 특성들이 이렇게 전달되는 내적 과정을 통하여만 의미를 갖습니다. 따라서 신체적 경험이 외부 대상의 지각으로 바꾸어지는 것은 우리 내부로부터 의미를 부여받기 때문에 가능한 것으로 보일 것입니다. 우리는 이것이 모든 종류의 암묵적 앎에서 일어난다는 점을 어느 정도 알 수 있습니다.

그러나 지각에 의해 전환된 느낌은 탐침봉과 같은 도구를 사용할 때 전환되는 느낌, 즉 전환되기 이전에는 파악할 수 없는 느낌과는 전혀 다른 것이라고 주장할지도 모릅니다. 이에 대하여 적어도 잠식subception이 잠복된 자극subliminal stimuli에 확장되는 것을 밝힌 실험은 해답의 실마리를 제공합니다. 헤퍼린Hefferline과 그의 공동연구자들은 활동 전류가 백만 배로 증폭되었음이 객관적으로 측정되었는데도 피험자가 근육 경련을 느끼지 못한 것은 불쾌한 소음의 소거에 의한 것이라는 사실에서 피험자가 경련의 빈도가 높아짐에 따른 소음의 소거에 반응한다는 점을 관찰하였습니다.[3] 암묵적 앎은 이처럼 우리가 통제할 수 없거나 심지어 감지할 수 없는 내부 행위에 작용하는 것으로 보입니다. 우리는 단지 피험자가 오로지 소음을 없애는 데에 반응한다고 지각할 뿐입니다. 이러한 실험 결과들을 통해 우리가 외부 사물을 인식하는 것이 우리 몸 안에 잠복되어 일어나는 과정을 지각하는 것이라는 사실을 유추해 볼 수 있습니다.

지각에 대한 이러한 인식은 탐침봉 사용의 예에도 적용됩니다. 즉 탐침봉을 사용할 때 주의를 내적인 감정에 쏠리게 하는 잠식의 과정을 통하여 외부 사물을 파악하는 능력을 획득하게 됩니다. 애를 써야 이루어지는 학습의 과정도 잠식이 묘하게 재주를 부린 결과입니다.

우리가 지각하는 사물의 특성에 투사되는 내적인 심리 과정들을 어떤 근거 없이 인정할 수 없기 때문에, 현대 철학자들은 지각의 과정에 투사 작용projection이 포함되어선 안 된다고 주장해왔습니다. 그러나 이제 우리는 암묵적 앎의 과정에 나타난 여러 예에서 알 수 있듯이 심리적 투사가 존재한다는 사실을 알 수 있습니다. 더욱이 원래 암묵적으로 진행되는 내적 과정 그 자체를 지각할 수 없다고 주장하는 것도 타당하지 않아 보입니다. 그래서 우리는 암묵적 앎이 신경계 피질에 작동하는 신경 전달까지 포함한다고 주장해도 좋을 듯합니다. 이는 헤퍼린의 실험에서 피험자가 반응한 잠복된 근육 경련과 같은 방식으로 우리 뇌가 작동한다고 해도 좋다는 것을 가리킵니다.[*]

이것은 내가 암묵적 앎의 사례로서 당초 암시했던 지각 작용과도 관련을 맺습니다. 나는 우리 신체 작용이 어떻게 지각에 관여하는가를 밝힘으로써 인간의 고차적인 창의력을 포함하는

---

[*] (원저자 주) 이러한 가설은 시각이나 다른 의식의 지각이 신경과정과 어떻게 연결되는지를 설명하지 못합니다. 이는 단지 우리의 몸속의 신경과정이 의식과 관련을 맺고 있다는 것을 가리킬 뿐입니다. 암묵적 앎이 우리가 겪는 경험을 통하여 이 과정에서 모종의 역할을 한다는 것을 짐작할 수 있습니다.

모든 사고가 신체적 요소들과 밀접히 관련되어 있음을 언급하였습니다. 이제 이에 관하여 살펴보도록 하겠습니다.

　우리 신체는 이론적 지식이건 실제적 지식이건 관계없이 모든 외부 사물에 관한 지식을 획득하는 최상의ultimate 도구입니다. 우리가 깨어있는 모든 순간에 우리는 주의를 기울이게 된 외부 사물을 신체적으로 접촉함으로써 지각하게 됩니다. 우리의 신체는 우리가 사물을 단순하게 파악하지 않도록 합니다. 오히려 우리는 신체를 통하여 외부 사물에 주의를 기울임으로써 세상을 경험합니다. 우리가 신체를 단순히 외부 사물이 아니라 우리의 한 부분이라고 느끼는 것은 이처럼 우리 신체가 지적인 작용을 하는 데 동원되기 때문입니다.

　나는 이미 외부 사물과 접촉하는 도구와 탐침봉의 촉이 어떻게 작용하여 우리 지각과 관련되는지 기술하였습니다. 사무엘 버틀러Samuel Butler가 언급한 바와 같이, 우리는 도구와 탐침봉을 통해 얻은 촉이 감각을 지닌 우리 신체의 일부분처럼 작동한다고 여겨도 보아도 좋을 것입니다. 그러나 외부 사물에 관여하는 우리 신체의 지각 작용은 우리 신체가 지니는 감각적 느낌보다 더욱 더 넓게 일반화된 결과입니다. 우리가 우리의 신체를 통하여 어떤 사물에서 다른 사물로 주의를 기울일 경우, 그 활용도에 따라 파악하는 사물의 양태는 바뀌게 됩니다. 이는 마치 우리 신체를 통하여 파악하게 된 외부 사물을 우리 신체의 일부로 느끼는 것처럼, 사물 그 자체보다는 우리가 사물에 주의를 기울인 데 따라 사물을 달리 파악하는 것과 같습니다. 우리는 사물을 암묵적 앎의 근접항이 기능하여 파악하는 것처럼 우리 신체의 작용에 협응하거나 포함된 외부 사물이 결과적으로 우리 신체에 착화된dwell in 것이라고 할 수 있습니다.

여기서 이러한 인식 작용은 전 영역에 걸쳐 일반화가 가능하다는 것을 암시해 줍니다. 이러한 일반화가 폭넓게 일어난다는 사실은 19세기 독일 사상가들의 주장에서 확인할 수 있습니다. 그들은 인간과 인간성을 이해하는 가장 적절한 방책이 착화in-dwelling 또는 감정이입empathy이라고 주장하였습니다. 이들 중에는 특히 딜다이Dilthey[4]와 립스Lipps[5]가 포함됩니다. 딜다이는 한 개인의 마음은 그것이 어떻게 작용하는지를 다시 체험함으로써 이해할 수 있다고 생각했고, 립스는 심미적 감상이란 곧 예술작품에 몰입하여 그 작가의 마음속에 침잠해 들어감으로써 가능한 것이라고 표현한 바 있습니다. 나는 딜다이와 립스가 인간과 예술 작품을 이해하는 데 있어서, 암묵적 앎이 결정적인 요인이라는 점을 지적하였다고 봅니다. 즉 그들이 강조한 바는 이러한 인식이 오로지 착화에 의하여 가능하다는 것입니다. 그러나 내가 주장하는 바를 온전히 이해한다면, 그들이 암묵적 앎이 적용됨에 있어서 인문학은 자연과학과 구별되어야 한다고 주장하는 것은 잘못입니다. 암묵적 앎의 구조로부터 도출된 착화의 개념은 더 정확하게 말하자면, 감정이입보다는 행위로 규정될 수 있습니다. 그렇기 때문에 앞서 착화와 관련된다고 기술된 행위들은 모두 관찰이 가능한 대상이 됩니다.

착화의 개념은 도덕적 장면에서 내면화에 해당하는 내발화內發化 interiorization 개념을 받아들이게 되면 더욱 광범위하게 적용됩니다. 여기서 내발화한다는 것은 암묵적 양태의 도덕적 지식이 실제로 근접항으로 기능함으로써 우리가 그 지식을 획득할 수 있다는 것을 말합니다. 즉 우리로 하여금 도덕적 행위와 판단을 하게 하는 암묵적 체제가 작동하는 것입니다. 그래서 우리는 과학 상황과 마찬가지로 도덕 상황에서도 논리적 특성이 같은 착화를 추적해낼 수 있습니다. 자연을 이해하기 위해 어떤 이론에 의존한다는 것은 그 이론을 내면화하는 것입니다. 왜냐하면 우리는 그 이론이 대상으로 하는 사물에 주의를 기울인 결과 그 이론을 파악할 수 있기 때문입니다. 반면 이론이 설명하고자 하는 바로 그 관점에서 그 이론을 활용할 수 있습니다. 수학 이론도 그것을 적용해 보고 연습해 봄으로써 그 의미를 알 수 있는 것과 같은 이치입니다. 따라서 이론을 안다는 것은 그것을 활용하는 우리의 능력에 달려 있습니다.

암묵적 앎을 착화와 동일시한 것은 암묵적 앎이 지닌 개념상의 특징을 강조하기 위한 것입니다. 애초부터 나는 우리가 말할 수 있는 것보다 더 많이 알고 있다는 사실을 통하여 암묵적 앎의 특징을 소개하였습니다. 암묵적 앎의 두 가지 항인 근접항과 원접항을 설정하여, 우리의 관심이 근접항에서 원접항으로 옮겨 가고, 이에 따라 개별 사항들이 목하 주의가 집중된 실체로 통합된다고 설명하였습니다. 우리는 요소에 해당하는 개별사항 그 자체에 주의를 기울이지 않기 때문에 그 세부사항을 인식하지 않습니다. 오히려 내발화라는 작용을 통하여 그 요소들을 통합하여 인식하게 됩니다. 암묵적 앎의 근접항이 기능함으로써 특정사물을 인식하는 것은 내발화의 작용 때문입니다. 그 결과 우리는 사물의 요소들을 인식하는 것이 아니라 그것들이 구성하는 총괄적 실체를 인식한다고 말할 수 있습니다. 이는 우리가 사물을 관찰함으로써가 아니라 사물이 내면화되는 과정인 착화를 통하여 사물의 의미를 파악한다는 사실을 분명하게 일깨워 줍니다.

이제 우리는 지나친 분석적 명징성이 복잡하게 얽힌 문제들을 이해하는 데 얼마나 방해가 되는지 알게 되었습니다. 사물을 종합적이고 실체적으로 보지 않고 요소들만 면밀히 관찰한다면 그 사물이 지니는 의미가 지워져 버립니다. 그러면 그 사물을 파악하는 우리의 관념은 아예 파괴되어 버립니다. 혀와 입술의 움직임, 그리고 입에서 나오는 소리에만 주의를 집중한 상태에서 어떤 단어를 서너 번 반복해 보십시오. 그러면 그 단어는 공허하게 들리고 궁극적으로 그 의미가 상실됩니다. 손가락의 움직임에만 주의를 집중하게 되면 피아니스트는 당장 자신의 연주를 수행할 수 없게 됩니다. 우리는 요소와 부분을 지나치게 과장하여 집착하게 되면 그 요소와 부분들로 이루어진 활동의 패턴이나 전체를 파악할 수 없게 됩니다.

물론 부분들을 다시 내발화시킴으로써 파괴된 의미가 의심할 여지없이 복구될 수 있습니다. 어떤 단어가 적절한 맥락에서 말해지고, 피아니스트의 손동작이 자신의 마음에 담긴 음악과 협응하고, 사람의 세부적 인상을 일정 거리를 두고 하나의 패턴으로 파악하게 되면, 그 각각의 동작들은 삶의 일부분으로서 총괄적 관계를 회복하여 나름대로의 의미를 회복하게 됩니다.

하지만 이러한 회복은 본래 요소가 지닌 의미로 가역되지 못한다는 점에 주목할 필요가 있습니다. 본래 요소로서 지닌 의미보다 어떤 진전이 있을지 모릅니다. 기량이 발휘되지 못하도록 조작한 어떤 동작도 반복적 연습이 동반되면 기량을 발휘하는 동작으로 진전됩니다. 문장의 의미를 소멸시키는 조악한 분석도 오히려 문장의 이해를 도와주는 계기를 제공할 수도 있습니다. 그 자체로 보면 의미가 상실된 부분들에 상당한 수준으로 집중하는 행위는 역으로 모종의 통합이 후속적으로 이루어지도록 기능하여 보다 확고하고 정확한 의미를 파악하게 해 줍니다.

그러나 세부적인 것들에 대하여 지나치게 집중하여 겪는 손상은 회복하기 어렵습니다. 지나치게 세부적인 것에 집착하게 되면 역사, 문학, 철학과 같은 활동이 지니는 의미를 돌이킬 수 없도록 무색하게 만들 수도 있습니다. 더 일반적으로 말하자면, 부분만이 구체적 확증을 줄 수 있는 지식 성립의 유일한 토대라는 신념은 근본적으로 잘못된 것입니다.

물론, 암묵적인 방식에 의하여 부분을 통합하는 것이 부분에 주의를 집중함으로써 파괴된 의미를 회복시키는 유일한 방법은 아닙니다. 많은 경우에 부분들의 관계를 명료하게 밝혀주는 분석적 방법이 종합적으로 파악해야 할 사물의 의미를 파괴해 버리는 반작용도 합니다. 요소들을 명백하게 결합시켜 주는 경우에는 암묵적 통합 방식이 적용될 영역이 아닙니다. 기계의 경우를 예로 들어 보겠습니다. 누구든지 기계가 작동하는 원리를 정확히 몰라도 기계의 사용법을 배울 수 있습니다. 하지만 기계의 구성과 작동 원리를 이해하는 엔지니어의 수준은 우리보다 더 심오합니다. 우리는 신체가 실제로 어떻게 움직이는지 알고 있지만, 신체에 관한 생리학적 지식은 이를 능가할 것입니다. 시작詩作을 위한 운율의 형식적 규칙을 학습하면 시를 보다 더

섬세하고 깊이 있게 이해하도록 해 줄지는 모르겠습니다.

그러나 내가 제시한 예를 보면 알 수 있듯이, 부분들의 명시적인 결합이 암묵적 통합에 필적할 수 없습니다. 운전 기술은 학교에서 자동차 이론을 철저하게 배우는 것으로 대체될 수 있는 것이 아닙니다. 내 몸에 대한 나의 지식은 생리학의 일반적인 지식과 매우 다릅니다. 그리고 운율과 시작詩作의 규칙을 아무리 잘 배웠다고 해도 그것이 그러한 우리가 충분히 음미할 수 있는 시의 의미를 알려주지 않습니다. 이러한 규칙을 알지 못해도 시의 의미를 파악할 수 있습니다.

우리는 여기서 결정적인 문제에 직면하게 됩니다. 현대 과학이 천명하는 목적은 독자적인 체계를 갖춘 객관적 지식을 수립하는 것입니다. 현대 과학이 추구하는 이러한 이상에 미달한다는 것은 우리가 당장 무슨 수를 써서라도 반드시 제거해야만 할 결함의 상태가 있다는 것을 상정합니다. 그러나 암묵적 사고가 모든 지식을 형성하는 데 필수불가결한 요인이라는 점을 인정한다면, 모든 지식에 필연적으로 포함된 개인적 요소를 제거한다는 현대 과학의 이상은 결국 모든 지식을 파괴하고자 하는 목표와 다름이 없는 것입니다. 정밀 과학의 이상은 근본적으로 잘못된 것이며, 지독한 오류들의 원천이라는 것이 입증되었습니다.

나는 일체의 암묵적 앎을 배제하고 지식이 성립한다고 보는 어떤 시도도 결국 자충수를 두는 것임을 입증할 수 있습니다. 총체적 실체를 구성하는 관계, 예를 들자면 개구리를 구성하는 요소들을 정형화하기 위해서 그 실체인 개구리에 대하여 먼저 암묵적으로 파악된 것을 기반으로 하여야만 개구리에 관한 정밀 과학의 이론적 의미가 성립합니다. 이처럼 개구리에 대한 수학적 정밀 이론을 구축하기 위해서도 여전히 암묵적 앎이 비형식적 수준에서 우선하는 것입니다. 더욱이 개구리에 관한 정밀 과학 이론 구축 행위는 개구리를 대상으로 하는 명시적 언어를 구안하기 위해서라도 암묵적 통합이라는 인식 작용이 먼저 요구됩니다. 또한 우리는 이론적 지식이 참인가 여부는 이론이 내발화 과정을 거쳐서 우리의 경험을 해석하는 데 광범위하게 활용되었는가에 달려 있다는 점을 알 수 있습니다. 따라서 수학을 사용한 정밀 과학 이론은 선행되는 암묵적 앎에 의존해야만 성립할 수 있습니다. 즉 어렴풋이 파악한 것을 이전 경험에 관련시켜 주의를 집중시키는 암묵적 앎의 행위가 작용해야만 이론으로서 기능할 수 있습니다. 따라서 경험 세계에서 모든 암묵적 앎을 제거하여 수립하려는 정밀 과학 이론을 구축하려는 이상은 자기모순에 빠지는 것이며, 논리적 근거도 없다는 것이 입증됩니다.

그러나 나의 이러한 주장은 추상적 수준의 논의에 의존한 것이 아닙니다. 따라서 이 강연의 나머지는 명시적 언어를 사용하는 정밀 과학 이론만 가지고서는 도저히 설명할 수 없는 매우 놀랄 만큼 구체적인 사례를 제시하는 데 할애하도록 하겠습니다. 이론은 과학 안에 담긴 경험입니다. 즉, 이론은 과학자가 무엇인가를 발견하려고 할 때 직면하는 문제를 파악하는 경험일 뿐입니다.

모든 연구가 당면 문제에서 비롯되었다는 것은 하나마나한 말입니다. 문제를 독창적으로 잘 파악하면 그 연구는 성공적인 것이 됩니다. 문제가 독창적일 때 연구는 독창적일 수 있습니다.

그러나 문제를 독창적으로 잘 파악하기 이전에, 연구자는 어떻게 연구 문제를 파악하게 될까요? 문제를 파악한다는 것은 감춰진 어떤 것을 잘 포착해 낸다는 것입니다. 그것은 이태까지 포괄적인 맥락 속에서 파악되지 않았던 부분들이 정합적으로 파악될 수 있음을 암시한다는 것을 말합니다. 이러한 암시를 갖게 되면 그것은 좋은 연구 문제를 갖게 되는 것을 의미합니다. 만약 우리가 이전의 어느 누구도 파악하지 못하였던 암시를 통하여 어떤 것을 예견하였다면, 그것이 독창적인 연구가 됩니다. 위대한 발견을 낳는 문제를 파악한다는 것은 단지 숨겨진 어떤 것을 본다는 것뿐만 아니라 다른 사람들이 이제까지 조금도 알아차리지 못하였던 어떤 것을 본다는 것을 말합니다. 이 모든 것은 너무 당연한 사실입니다. 그럼에도 불구하고 우리는 자신이 제기한 문제에 담긴 자기모순의 요인들이 상충하는 것조차 알아차리지 못하고 그것을 당연하게 여깁니다. 하지만 플라톤은 〈메논 Meno〉에서 이러한 모순을 지적하였습니다. 그는 문제 해결을 위한 어떤 탐구도 부당하다고 말한 것입니다. 당신이 이미 알고 있는 경우는 아무 문제가 없거나, 당신이 찾고자 하는 바를 모르는 경우는 어떤 것도 찾아내는 것을 기대할 수 없기 때문입니다.

플라톤이 이러한 모순에 대해 제시한 해결책은 발견이란 모두가 과거 생에 대한 회상이라는 것입니다. 그의 설명은 거의 받아들이기 어렵지만, 그렇다고 이러한 모순을 제거하기 위한 뾰족한 다른 해결책이 제시될 수 있는 것도 아닙니다. 따라서 우리는 이천 년 이상 인류가 이러한 난제를 해결하려는 노력을 경주함으로써 진보해 온 것은 사실이지만, 그러한 노력이 의미 없는 일 또는 불가능한 일이었음을 확인할 수 있습니다. 포Edgar Allen Poe의 〈도둑맞은 편지*Purloined Letter*〉에 실린 고전적인 예에서 알 수 있듯이,* 모든 사람에게 무심코 놓인 중요한 기록들이 간과되고 있습니다. 〈메논〉이 보여주듯이 모든 지식이 명백하게 진술될 수 있는 명시적인 것이라면, 우리는 문제를 알 필요가 없거나 아니면 해결책을 찾을 수 없는 상황에 놓이게 됩니다. 따라서 〈메논〉이 시사하는 바는 해결해야 할 문제가 있고, 그 해결을 위하여 무엇인가를 발견하고자 한다면, 우리는 말할 수 없는 것이 매우 중요하다는 점을 알아야만 합니다.

메논의 패러독스를 해결해 줄 수 있는 암묵적 앎은 우리가 머지 않아 발견하게 될 숨겨진 사실이 암시하는 것 속에 존재합니다. 암묵적 앎은 정신적 능력 중 또 다른 중요한 요인이 발현한 데 있습니다. 우리는 종종 위대한 과학적 발견을 그 성과의 유익함에 따라 평가하곤 합니다. 현실이 그렇다고는 하지만, 과학적 발견의 성과가 유용한가에 따라 어떻게 진리를 재단할 수 있겠습니까? 과학적 진술의 진위를 아직 확인되지 않은 성과를 얼마나 많이 산출했는가를 토대로 판별할 수 있겠습니까? 만약 우리가 아직 채 발견되지도 않은 어떤 가시적인 성과에 비추어 진위를 파악한다는 것은 터무니없는 일입니다. 하지만 우리가 미지의 사물에 대하여 암묵적으로 예견을 한다는 것은 충분히 의미를 갖는 말입니다. 이러한 암묵적 예견은 뉴턴의 이론으로 입증

---

* (역자 주) 포의 작품을 통하여 폴라니가 독자에게 전달하고자 하는 메시지는 '현실을 보는 직감'이 중요하다는 점이다. 그리고 그것은 자신의 암묵적 앎과 상통한다는 것이다.

되기까지 백사십 년 동안 코페르니쿠스학파가 열정적으로 견지했던 입장과 같은 것입니다. 그 예견은 태양 중심의 행성 이론이 행성의 경로 계산에 편리할 뿐만 아니라 그것이 실제로 진리라고 열정적으로 주장했던 그들의 선지식先知識 foreknowledge을 가리킵니다.

결과적으로 어떤 진술이 참임을 안다는 것은 우리가 말할 수 있는 것 이상을 안다는 것을 뜻합니다. 무엇인가를 발견하는 것이 문제를 해결함을 뜻할 경우, 해결하고자 하는 문제에는 이미 확정되지 않은 암시들이 무수히 내포되어 있습니다. 더욱이 발견해낸 사실을 참으로 인정할 때 우리는 아직까지도 비밀에 부쳐져 있으며 동시에 상상조차 할 수 없는 결과에 맞닿아 있다는 신념을 견지해야 합니다.

우리는 미지의 것에 대한 명시적 지식을 가지고 있지 않기 때문에, 과학적 진술에 대한 진리 여부를 명시적으로 정당화할 수 없습니다. 그러나 우리가 파악한 문제의 이면에 무엇인가 해결책이 숨겨져 있다는 느낌을 갖고 있는 한, 우리는 과학적 발견이 잠재적으로 가능하다는 점을 인식할 수 있고, 또 이면에 숨겨진 해결책이 옳다는 확신을 갖게 됩니다. 발견하는 행위의 본질이 무엇인가를 고찰하는 것은 물론이거니와 보다 중요한 것은 발견이란 곧 어떤 실체적 진실을 명백히 드러내는 행위라는 사실을 고려해 보면 나의 주장을 확증할 수 있습니다. 발견해 가는 과정은 이러한 관점에서 비롯됩니다. 발견이란 우리가 가진 단서가 가리키는 숨겨진 실체를 감지하게 되면 언제든지 지속되는 행위입니다. 같은 맥락에서 발견은 이러한 탐구 활동이 만족스러울 때까지 이어집니다. 발견은 실재한다고 여겨지는 실체에 접촉함으로써 그 실체가 의외의 영역에서 예기치 않게 발현되는 것을 미래의 안목으로 확인하는 것에 불과합니다.

이제까지 논의를 정리해보면, 다음과 같습니다. 암묵적 앎은 (1) 어떤 문제를 다루는 데 요구되는 타당한 지식을 제공해 줍니다. (2) 과학자가 문제를 해결하는 데 있어서 어떤 감각적 접근 능력을 발휘하는가를 설명해 줍니다. 그리고 (3) 종국에 가서 발견될 사실에 포함된 아직까지는 불확정적인 것으로 여겨지는 요소를 타당하게 파악하는 방식을 제공해 줍니다.

이처럼 불확정적인 요인에 집중하는 것은 '착화'를 기반으로 하여 앎의 행위가 필연적으로 이루어진다는 것을 가리킵니다. 이러한 앎의 행위는 우리가 주목하지 않았고 구체화할 수도 없었던 부분들이 내발화를 통하여 이루어지며, 더 나아가 구체화되지 않는 부분들을 단초로 하여 총체적 실체를 파악함으로써 이루어집니다. 물론 이 과정에서 부분과 총체적 실체가 어떻게 연결되는 것인지를 명시적으로 규정할 수는 없습니다. 앎이 이렇게 이루어진다는 사실은 메논의 패러독스를 해결해 줍니다. 왜냐하면 무엇인가를 안다는 것은 불확정적인 문제를 붙잡고 있거나 그것을 해결하는 실마리를 감잡고 있다는 것을 뜻하기 때문입니다. 이러한 작용이 모든 앎에 필수불가결한 것으로 판명이 났기 때문에, 모든 지식이란 곧 특정한 문제를 붙잡고 해결하려 동원하는 지식이라고 결론지을 수 있습니다.

이상이 내가 실제로 얻어낸 결과입니다. 우리가 과학적 지식을 수립하려면 패러다임적 사례를 채택할 수밖에 없습니다. 패러다임적 사례를 통하여 우리가 과학적 지식을 수립하고 개발하는 데 요구되는 모든 능력은 발견의 과정에서 획득되는 지식이라는 점을 확인할 수 있습니다.

이러한 지식을 소유하는 것은 발견될 무엇인가가 있다는 확신을 가지고 헌신하는 행위입니다. 또한 그것은 지식을 소유한 사람의 인격적 측면이 포함된다는 점에서 개인적 의미도 있으며 그런 점에서 보면 고독한 측면도 포함합니다. 하지만 지식의 추구가 개인적인 측면을 지닌다고 해서 자의적이라는 뜻은 아닙니다. 오히려 숨겨진 진리를 드러내려는 발견자에게는 그것을 밝히기 위한 노력이 요구된다는 점에서 막중한 책임감이 수반됩니다. 그가 추구하는 앎의 행위는 외부 실체와 관련된 증거를 놓고, 그것이 자신이 파악한 측면에 부합하는지를 개인적으로 판단하는 것입니다.

발견 그 자체와 마찬가지로 발견에 대한 기대는 발견자를 미망에 빠지게 하기 쉽습니다. 그러나 실증주의 과학철학이 과거 팔십 년 동안 그렇게 하려 애써왔지만 실패했던, 정밀 과학 이론의 비인격적 기준을 찾으려는 노력은 헛된 일입니다. 합리적이고 성공적으로 과학을 한다는 것은 과학을 수행하는 과학자들이 헌신함으로써 지니고 있는 모종의 개인적 요인을 공유하는 데 달려 있습니다. 여러분이 과학에 종사하면서 자신이 지니고 있는 주관적 요인을 객관적으로 전달할 수 없기 때문에 그것을 언어로 형식화할 수 없습니다. 명시적 언어로 표현하려고 시도한다는 것은 탐구 주제를 파괴하면서 명징성만을 고집하는 것에 불과합니다. 그것은 곧 과학 철학에서 실증주의 운동의 실패를 입증하는 것입니다. 객관성 확보라는 이상을 추구하는 데 대한 또 다른 확실한 대안을 찾는 것도 어려워 보입니다. 이 문제에 대한 해답은 암묵적 앎에 관한 이론이 우리에게 부여하는 과제를 통하여 모색할 수 있습니다.

2

발　　현

-

Emergence

발 현

나는 앎에 있어서 암묵적 힘이 어떻게 작동하는가를 설명하였습니다. 암묵적 방식으로 파악할 수 있는 것은 이제까지 살펴본 육감에 따른 문제 파악, 인상 파악 기법, 탐침봉과 같은 도구의 사용, 언어 표현 방식을 포함하는 것만이 아니라, 내가 보기에 우리의 감각이 지각하는 외부 사물에 관한 근원적인 지식까지 모두 포함합니다. 실지로 지각의 구조를 보면 모든 것이 그렇다는 것을 알 수 있습니다. 우리의 신체는 사물의 지각에 관여하기 때문에 결과적으로 모든 외부 사물을 파악하는 데 관여합니다. 게다가 우리가 외부의 사물을 우리 신체에 납득할 만한 실체로 통합하는 과정에서 사물의 부분들을 동화하는 것은 신체를 새로운 세계로 계속 확장시켜 가는 것입니다. 이미 형성된 세상의 실체를 사리에 맞게 그 의미를 파악하는 데 있어서 사물의 요소를 내발화함으로써 이 실체를 일종의 해석된 존재로 파악합니다. 두 사람이 총체적으로 똑같이 접하게 되는 사물을 놓고 생각해 봅시다. 이 중 한 사람은 이 사물의 실체를 생산하고, 다른 한 사람은 그것을 파악한 경우에 전자는 전달할 메시지를 생산한 것이고, 후자는 이를 받아들인 것이 됩니다. 그러나 이 상황의 특징적 요소는 한 사람이 재치 있게 수행하는 상대방의 방식을 파악할 수 있을 때 보다 명확히 드러납니다. 전자가 동작을 실제로 결합한 방식에 따라 후자가 의도적으로 결합하려는 노력이 있어야 하고, 또 동작의 결합 패턴이 유사해야만 합니다. 그럼으로써 두 사람의 착화 작용indwelling이 교합하는 것입니다. 전자는 자신의 신체 일부를 통하여 착화함으로써 자신의 동작을 드러내고, 후자는 그의 동작을 외부로부터 받아들여 다시 착화함으로써 수용하게 됩니다. 그의 착화는 내발화interiorization를 통하여 이루어집니다. 이러한 착화 작용을 통해 보면 학생은 교사의 행동에서 모종의 감을 잡아서 그것을 모방하여 학습하게 됩니다.

이는 주체와 객체가 유사한 구조를 가지고 있어서 그런 것이 아닙니다. 신체 동작을 관찰해보면 두 사람 상호 간에 일어나는 착화현상이 존재합니다. 체스 선수는 스승이 시연했던 경기를 반복하여 재연해 봄으로써 스승이 무엇을 염두에 두고 행마를 했는가를 감지하고 스승의 정신세계를 파악하게 됩니다.

실체를 총체적으로 파악하는 데 있어서 세부 사항이 작용하는 경우를 예시한 두 가지 사례에서 총체적 실체가 정합적으로 작동하는 특징을 얻을 수 있습니다. 전자에는 신체를 숙련되게 사용하는 개인적 특징이 있고, 후자에는 마음을 재치 있게 사용하는 개인적 특징이 있음을 알 수 있습니다.

어떤 기량을 발휘하거나 혹은 체스 경기의 행마에 있어서 그 사태의 본질을 제대로 이해하려면 그 행위자의 개인적 면모를 파악해야 합니다. 우리는 어떤 행위를 이해하기 위하여 거기에 협응이 먼저 전제된다는 것을 추측해야 하며, 그 행위의 본질을 온전하게 파악하고자 한다면 그 행위가 어떻게 작동하는지에 대한 느낌을 추적해내야만 합니다. 따라서 외부 사물을 정확하게 관찰하는 것을 토대로 다른 사람들의 마음이 어떻게 작동하는지 객관적으로 추론할 수 있다고 보는 철학자의 논점은 성립하지 않습니다. 왜냐하면 우리는 결코 외부 사물만을 놓고 그것이 작동하는 것을 관찰할 수 없기 때문입니다. 실지로 행위자 스스로가 어느 부분이 자신의 행위에 어떻게 협응하면서 작용하는지 매우 명백하게 설명할 수 없는 것과 마찬가지로, 우리가 행위에 포함된 개별 요인들을 잘 통합된 형태로 파악한다고 해서 그것이 무엇인지 확인할 수 없습니다.

이는 우리가 일련의 탐구의 과정을 거치지 않고 어떤 것을 이해할 수 있다는 것을 말하려는 것이 아닙니다. 그러나 과학적 탐구와 마찬가지로 탐구는 상호 관련이 있다고 추정되는 단서들을 꼼꼼하게 조사하여 그것이 어떻게 나타나는지를 가정하여 그 의미를 해석하는 것입니다. 그리고 과학적 탐구에서도 그렇지만 포착된 많은 단서는 언어적으로 명시될 수 없는 잠복된 형태로 남아 있습니다. 우리가 이처럼 잠복된 단서를 파악하는 것이 체스 경기의 행마 또는 어떤 요령을 터득하는 데 요구되는 노력이며, 이 노력을 통하여 능력이 개인적으로 내면화됩니다. 이것은 역사학자가 나름대로 역사학적 개성을 가지고 수행하는 탐구 방법이기도 합니다.

마음의 작용을 제대로 아는 것과 과학적 탐구를 하는 것 사이의 구조적 유사성은, 마음 자체의 작용을 관찰하여 마음에 관한 지식을 얻은 다음에야 과학적 탐구가 가능하다는 잘못된 가정으로 인하여 간과하기 쉬운 논점을 파악하도록 해 줍니다. 이는 문제를 실체적으로 파악하지 못하는 상황에서라면 마음이 어떻게 작용하는가도 실체적으로 파악할 수 없다는 뜻입니다. 역사가와 저술가들에게 위대한 마음이란 곧 끊임없이 제기할 만한 가치 있는 문제를 갖는 것입니다. 모든 사람이 무한 관심을 갖는 것은 그것이 자신이 소중하게 여기는 관심사이기 때문입니다. 따라서 문제를 갖는다는 것과 마음을 갖는다는 것은 별도로 떼어내 생각할 수 없는 사안입니다. 무생물인 물체도 우리가 그것을 하나의 탐구 대상으로 주의를 집중해야 비로소 이해할 수 있습니다.

이 경우는 다른 사람의 마음을 우리가 어떻게 알 수 있는가에 대하여 조금 전 내가 말한 것과 비슷합니다. 마냥 놓인 사물로부터 우리가 어떤 특징을 의미 있게 지각해내는가 하는 데서 문제 의식이 나타납니다. 일부 철학자들은 우리가 사물 그 자체의 이면에 붙박힌 다른 것을 볼 수 있다는 사실을 부정함으로써 이 문제를 처리하려고 합니다. 그러나 이는 사실이 아닙니다. 우리는 단순하게 쪼갠 파편들을 가지고 사물을 파악하고자 하면 그것은 사물의 본질과 동떨어진 몇몇 부분들만을 보는 것입니다. 이러한 파편들을 통합하여 사물을 의미 있게 보려는 노력이 있어야만 이러한 속임에서 벗어날 수 있습니다. 이 철학자들은 마음을 이해하건 조약돌을 파악하건 거기에 어떤 추론 과정도 일어나지 않으므로 이러한 추론 방식을 따지는 것이 무익하다고 본다는 점에서 옳습니다. 그러나 여전히 요소를 파악하는 과정에서 암묵적으로 사물을 파악하게 되는 작용은 실제로 일어나고 있으며, 결국 이와 같은 암묵적인 앎이 어떻게 작동하는가를 이해해야 하는 문제에 답을 하지 않고 남아 있습니다.

내가 언급한 예들은 철학이 이러한 문제를 어떻게 다루어야 하는가라는 새로운 국면에 직면하게 합니다. 어떤 한 사람을 아는 것과 문제를 발견한다는 것 사이에 존재하는 구조적 유사성은 조약돌과 같은 단순 사물을 파악하는 것에 견주어보면 매우 심각한 문제이기 때문에 보다 깊은 주의를 요구합니다. 조약돌과 같은 단순 사물과는 달리 탐구하는 사람과 탐구 문제는 장차 어떻게 파악해야 할지가 확정된 것이 아니기 때문에 보다 심도 있는 주의를 기울일 필요가 있습니다. 장래에 예기치 못한 방식으로 사물이 파악될 수 있는 탓에 관찰된 사물에 대하여 우리가 지각한 단일한 측면만 가지고서는 그 사물을 온전하게 파악하기 어려운 것입니다. 우리가 현재 아는 사물을 참이라고 신뢰하는 것도 어떤 의미에서 그것을 따로 떼어놓고 생각하여 그것이 장차 아직 생각하지 못한 방식으로 파악될 수 있는 가능성을 지니고 있다는 것입니다. 따라서 비록 조약돌은 누구나 만져도 같은 것으로 인식하지만, 내가 보기에 탐구하는 마음과 탐구 문제는 조약돌을 파악하는 것보다 더 심각한 수준에서 다루어져야 합니다. 그리고 나는 이처럼 사물의 의미를 그 사물의 촉지성觸知性 tangibility보다 더 중요하다고 여기기 때문에 나는 인간의 마음과 탐구 문제가 조약돌보다 더 현실적인 문제라고 봅니다. 이는 사물의 실재를 파악하는 데에 과학자들로 하여 금 발견하도록 이끌어 주는 선지식先知識이 결합되는 것을 보여줍니다.

이를 염두에 두고 보면, 우리는 어떤 사람이 자신의 신체를 부릴 줄 아는 요령을 보고 다른 사람이 그 사람을 이해하는 실체를 파악한다고 말할 수 있습니다. 그러한 요령을 파악함으로써 아는 대상의 실체를 파악하는 것과 똑같은 구조를 갖는다고 말할 수 있습니다.

마찬가지로, 논점을 원래 주제로 돌려 다른 사람의 숙련된 체스 행마는 그것을 이해하는 우리의 암묵적 행위에 의해서 파악되는 실체입니다. 즉 다른 사람의 행마법을 이해한다는 것은 체스 경기를 이해하는 것과 구조적으로 같은 것입니다.

여러분은 내가 이러한 결론을 도출하는데 꽤 장황하게 끌고 왔다고 느낄 것입니다. 그것은 나의 주장이 매우 광범위하게 걸친 문제여서 이를 분명하게 해야 했기 때문입니다. 지난 강의에서 나는 사물을 총괄적으로 파악한다는 것이 곧 그것에 대한 존재론적ontological 관련을 묻는 것이라고 하였습니다. 우리는 이제 지금까지 다소 모호한 존재론에 대하여 매우 만족하며 지냈습니다. 능숙한 요령이 작동하여 인간 행위의 실체가 파악되며, 그 실체는 마치 조약돌이 상존하는 것처럼 실재합니다. 오히려 요령을 부리는 행위가 독자적으로 실행되는 측면에서 보면 조약돌보다 더 확실한 형태로 실재합니다. 그렇다면 앎의 대상이 되는 사물의 구조와 개인이 그것을 파악하는 구조가 서로 상응한다는 것을 암묵적으로 보여주는 예들을 충분히 가정할 수 있습니다. 그러면 우리는 파악하고자 하는 실체를 안정적이고 효과적으로 설명해 주는 방식이 원리상 두 가지 암묵적 앎의 구조를 갖는다고 기대할 수 있습니다. 이것이 무엇을 의미하는지를 설명하겠습니다.

여기에 두 가지 논점이 있습니다. (1) 실체를 정합적으로 파악하는 암묵지는 그 실체에 주의를 기울이기 위하여 그 실체의 특징을 파악하는 식awareness에 의존합니다. (2) 만약 부분적 특징에만 주의를 기울인다면, 실체를 총괄적으로 파악하고자 부분적 특징에 주의를 기울인 원래 기능이 소멸하게 됩니다. 결국 우리는 주의를 기울여 파악하고자 한 실체를 놓치게 됩니다. 이에 대한 존재론적 대응은 다음과 같습니다. (1) 실체를 총괄적으로 파악하는 원리는 그 실체의 부분들을 지배하는 법칙 속에서 작동한다는 점입니다. (2) 동시에 부분들을 지배하는 법칙 그 자체는 부분들이 구성하는 상위의 실체를 작동하는 원리를 설명하지 못한다는 점입니다. 체스 게임을 파악하는 방식으로 돌아가 예를 들어보겠습니다. 체스 경기는 체스 규칙들을 준수함으로써만 성립하는 전략에 의해 통제되는 실체입니다. 그러나 경기가 진행되는 전반을 통제하는 전략은 개개의 규칙들로부터 도출될 수 없는 것입니다. 암묵지의 근접항이 특정한 부분들을 포함하고 또 원접항이 부분들을 총괄하는 의미를 드러낸다고 하면, 이 두 항은 각기 다른 수준의 원리에 따라 통제되는 것으로 볼 수 있습니다. 상위 원리는 그 작동상 하위 원리의 요소를 지배하는 법칙에 따라 작동하지만, 그 작동 자체가 하위 수준의 법칙에 의해 설명되지 않습니다. 그리고 우리는 두 수준이 암묵지를 구성하는 두 가지 항에 상응한다는 점에서 상호 논리적 관계가 있다고 말할 수 있습니다.

나는 전에 모든 실체가 요소를 내발화하는 방식을 언급하면서 그것을 총괄적 실체로 파악한다고 하였습니다. 내가 현재 시도하려는 의도에 비추어 보자면 이러한 파악의 과정을 상층과 하층의 의미 있는 짝으로 구성된 실체로 변화시켜 삼라만상의 실상을 설명할 수 있습니다.

내가 이미 언급했던 암묵지의 다양한 사례를 이 두 가지 항에 분석, 적용하여 이러한 과정을 예시할 수 있습니다. 그러나 이제는 관련항들이 서로 짝을 이루면서 일종의 위계를 형성하는 새로운 예를 통하여 설명하도록 하겠습니다.

벽돌과 관련된 예를 들겠습니다. 벽돌을 만드는 데 있어서 가장 낮은 수준에는 벽돌을 만드는 원재료와 관련을 맺습니다. 그러나 벽돌 만드는 작업에만 의존하는 벽돌공의 기술을 능가하는 건축가의 작업이 있습니다. 물론 건축가의 작업은 벽돌공의 작업에 의존하지만, 다시 도시 계획가의 작업과 관련 맺습니다. 이렇게 이어지는 네 가지 수준에는 각각에 상응하는 연속적 규칙이 있습니다. 물리와 화학 법칙은 벽돌의 원재료와 관련 맺고 있으며, 벽돌제조 기술에는 공법이 따릅니다. 건축가는 이와는 다른 건축술을 따라야 하며, 도시계획가는 도시계획 규칙에 통제를 받습니다. 나는 이를 보다 상세히 설명하기 위하여 언어의 예를 더 들겠습니다. 여기에는 다섯 가지 수준이 포함됩니다. (1) 목소리voice, (2) 어휘words, (3) 문장sentences, (4) 스타일

style, (5) 문장 작법literary composition이 있습니다. 이 각각은 (1) 음성학phonetics, (2) 어의학lexicography, (3) 문법grammar, (4) 문체론stylistics, (5) 문학비평literary criticism의 고유한 규칙에 따릅니다. 각 수준은 실체를 총체적으로 파악하는 위계를 형성합니다. 여기서 위계는 각 수준의 원칙이 이어지는 높은 수준의 원칙에 통제를 받아 작동한다는 것을 가리킵니다. 당신이 내는 소리는 어휘를 통하여 말의 형태를 갖춥니다. 주어진 어휘는 문법에 맞게 문장을 구성하며, 문장은 다시 나름의 표현법에 따라 문체를 드러내며, 그것은 다시 문장 작법에 따라 의미를 전달합니다. 이들 각 수준은 이중 통제를 받습니다. 하나는 자신의 요소 자체에 적용되는 법칙에 의해, 다른 하나는 그것이 형성하는 상위 수준의 실체를 통제하는 법칙에 지배받습니다.[6]

그 결과 상위 수준의 작용은 하위 수준을 구성하는 부분들을 규제하는 법칙에 의하여 설명할 수 없습니다. 음성학으로부터 어휘를 도출할 수 없으며, 그 어휘로부터 문법을 도출할 수 없고, 문법의 정확한 사용이 좋은 문체를 설명할 수 없습니다. 그리고 좋은 문체만 가지고 훌륭한 작문이 가능한 것이 아닙니다. 내가 암묵지의 두 가지 항을 실재의 두 가지 수준과 동일시한 것을 인정한다는 점에 비추어 보아도, 예시한 사례 중에서 고립된 하위 부분들을 규제하는 법칙을 가지고 높은 수준 조직 원리를 설명하는 것이 불가능하다고 결론지을 수 있습니다.

이러한 사실은 아무리 강조해도 지나침 없이 분명해 보입니다. 그러나 내가 이제까지 설명한 인간의 실제적 역량에서 확인된 위계가 여타의 생명체에도 적용되는가는 논란의 여지가 상당히 있어 보입니다. 생명체들의 수준 사이의 위계는 낮은 단계의 삶이 보다 높은 형태로 구축됨으로써 이루어지는 것입니다. 우리는 어떤 개별 인간을 보면 거기에 진화의 모든 단계가 다 들어있다는 것을 한눈에 알 수 있습니다. 생명의 가장 원시적 형태가 인간의 전형적인 모습으로 성장해 왔음은 발생학이 연구해낸 형태 발생의 과정을 통해 알 수 있습니다. 다음으로 유기체의 생장 기능은 생리학 연구에 의해 알 수 있습니다. 이에 더하여 지각 능력과 운동행위의 통제 능력은 생리심리학 연구에 의하여 알 수 있습니다. 이 단계를 넘어서면 의식적 행위와 지적 행동의 수준은 동물행동학ethology과 심리학 연구를 통하여 파악하게 되고, 궁극적으로 우리는 도덕 판단의 기준이 되는 도덕 감정을 만족시켜야 하는 윤리적 문제에 당면합니다.

여기서 나는 얼마나 광범위하게 이러한 수준들이 연속적으로 이루어져 위계를 형성하는 것으로 파악되는가 하는 문제를 잠시 제쳐두고, 대신 이러한 모든 수준들이 무생물 수준을 넘어서 파악된다는 점과 그럼에도 이 수준에서 각기 작용하는 원리가 직·간접적으로 무생물을 설명하는 물리와 화학 법칙에 의존한다는 사실에 집중할 것입니다. 그 결과로 높은 수준의 작동 원리가 결코 고립된 하위 부분들을 지배하는 법칙에서 결코 도출될 수 없다는 원칙을 적용한다면, 어떠한 생체 활동도 물리와 화학 법칙에 의해 설명될 수 없다는 결론을 얻게 됩니다.

그런데도 모든 생명체의 발현은 궁극적으로 무생물의 물질을 지배하는 법칙에 의해 설명될 수 있다는 것은 오늘날 생물학자들이 당연시하는 견해입니다. 1948년 힉슨 심포지엄Hixon Symposium

에서 라쉴리K. S. Lashley는 이 견해를 자신의 저명한 동료들과도 상의하지 않은 채, 마치 모든 참가자들의 공통된 견해인 양 공포해 버렸습니다. 그러나 이 견해는 명백히 어불성설입니다. 우리 생명체의 가장 두드러진 특징은 민감하게 지각한다는 것입니다. 물리와 화학 법칙은 생명체의 지각 능력을 설명하지 못하며, 물리와 화학 법칙이 구성하는 어떤 이론 체계도 생명체를 배제시킨 객화물임에 틀림없습니다. 이러한 보편적인 핵심 사안에 눈을 감아버리는 것은 당장 과학을 진흥시키는 데 이익이 될지 모르지만, 온전하게 진리를 파악하는 데에는 전혀 도움이 되지 않습니다. 이와 반대로 나는 생명 연구가 궁극적으로 무생물적 물질을 설명하는 원리에 따라오는 몇몇 부가적 원리에 의하여 밝혀진다고 보는 편이 낫다고 봅니다. 또한 그 원리란, 현재까지 뚜렷하게 밝혀지지 않았지만, 대략적 윤곽을 미리 예상할 수 있는 것이라고 봅니다.

나는 이러한 방식의 탐구가 생물학자들이 수용하는 지배적인 절차를 면밀하게 검토하면 가능하다고 봅니다. 현재 생물학이 공언하는 목표는 모든 생명 현상을 물리와 화학 법칙에 의하여 설명하는 것이라고 하면서, 그 실상은 **물리와 화학 법칙들에 기반한 기계론적** 관점에서 설명하는 것에 머물러 있습니다. 생물학자들은 물리 법칙에 근거한 기계가 기계론적 법칙들에 의해 설명할 수 있다는 가정과 마찬가지로 생물학의 과제도 함께 공통적으로 기계론적 관점에 근거하는 것이 정당화된다고 생각합니다. 나의 첫 번째 논점은 생물학자들이 이렇게 가정하는 기계론적 관점이 잘못되었다는 것입니다.

어떤 학자들은 기계가 물리와 화학 법칙들로부터 도출될 수 없는 의도적 특성을 지닌다는 점을 지적한 바 있습니다. 그렇지만 기계의 원리와 기계를 작동하는 법칙간의 실제 관계를 파악하기 위해, 우리는 기계를 하나의 총체적 실체로서 고려해야만 합니다. 이렇게 파악해야만 기계가 작동하는 논리적 구조를 심도 있게 이해할 수 있습니다. 그것은 기계를 구성하는 부분들이 기계라는 실체에 통합되는 방식을 상당한 정도로 정확하게 파악해야 가능합니다. 나는 분석 방식을 다른 곳에서 여러 번 설명한 바 있기 때문에 여기서는 상세한 것 말고 그 요점만 설명하고자 합니다.[7]

기계는 그 기계가 어떻게 작동하는지를 우리에게 말해 주는 조작적operational 원리에 의해 정의됩니다. 이 조작적 원리는 기계를 구성하는 부분을 규정하는 정의와 그 기계가 작동하는 주요 기능을 설명해 줍니다. 아울러 작동 원리를 보면 그 기계가 쓰이는 목적을 알 수 있습니다. 기계는 기능적 측면에서 기계의 부분들이 지닌 물리적, 화학적 특성들과 이들이 연합하여 작용하는 특정 물리적-화학적 과정에 의존합니다. 이러한 관점에서 보면 견고한 물질로 이루어진 기계가 기계론적 법칙에 의해 규제된다는 것은 더 이상 설명을 필요로 하지 않습니다.

공학과 물리학은 서로 상이한 학문입니다. 공학은 물리학의 지식이 원용된 기계의 작동 원리를 다루는 분야입니다. 반면에 물리학과 화학은 기계의 작동 원리에 관한 지식을 다루는 학문이 아닙니다. 따라서 어떤 물체에 대한 완벽한 물리적, 화학적 지형도만 가지고서는 우리가 그것이 기계인지, 그리고 설사 기계라 하더라도 그것이 어떤 목적에서, 어떻게 작동하는지 말해주지 않습니다. 어떤 기계를 물리적으로, 화학적으로 면밀하게 탐구하는 것은, 그것이 그 기계의 기존 작동 원리와 관련되지 않는 한, 의미가 없습니다. 그러나 기계의 작동 원리만 가지고 밝혀지지 않는 중요한 요소가 있습니다. 작동 원리는 기계가 오작동하여 결과적으로 파손되는 현상을 결코 설명할 수 없습니다. 이 현상을 설명하려면 물리와 화학의 지식이 도입되어야 합니다. 즉 기계의 물리적-화학적 구조만이 기계가 왜 제대로 작동하지 않는지 설명할 수 있습니다. 기계가 작동하지 못한 궁극적인 원인은 기계 작동 원리 이면에 담긴 물체의 물리적-화학적 원리를 무시한 데 따른 것입니다. 물체의 기본 원리를 잘 파악하면 궁극적으로 기계가 이상하리만치 제대로 작동하지 않는 굴레에서 벗어날 수 있을 것입니다.

그렇지만 어떻게 물리와 화학 법칙에 종속되는 무생물체인 기계가 이들 법칙에 의해 결정되지 않고 작동할 수 있을까요? 어떻게 기계가 자연과학의 법칙과 자신이 작동하는 조작적 원리를 모두 만족시킬 수 있을까요? 어떻게 기계의 무생물적 특성이 형체화되어서 기계가 성공적으로 작동하는지 여부를 결정하게 될까요? 답은 '형체화shaping'라는 말에 있습니다. 자연과학의 법칙은 무생물적 물질을 특정한 형체로 구현시키는 것 같습니다. 태양과 달이 형체화되어 태양계 패턴을 구현시키듯 말입니다. 다른 형태도 자연과학의 법칙에 위반되지만 않는다면, 인위적 작용으로 구현될 수 있습니다. 기계의 작동 원리는 물질에 이러한 인위적 성형이 가해져서 구현됩니다. 이들 원리는 **무생물 체**

계의 경계조건들을 지배하는 것to govern the boundary conditions of an inanimate system이라고 할 수 있지만 그 일련의 조건은 자연과학 법칙의 지배를 받지 않는다고 말할 수 있습니다. 공학은 이러한 경계조건에 의하여 결정되는 분야입니다. 그리고 이는 어떻게 무생물 체계가 두 가지 수준에서 이중 통제를 받는가와 관련됩니다. 즉 상위 수준의 작동은 무생물의 법칙인 물리와 화학 법칙에 의존하는 하위 수준의 경계를 토대로 해서 인위적으로 구현된 것입니다.

하위 수준의 세부사항을 통제하는 상위 수준의 조직 원리에 따라 이루어지는 통제를 **한계통제 원리**the principle of marginal control이라고 부르도록 하겠습니다.

이 한계성 원리principle of marginality는 내가 이미 기술했던 인간 활동의 위계 방식에서 그 의미를 확인할 수 있습니다. 일례로 여러분은 연설 행위를 구성하는 위계에서, 상위의 작동 원리가 어떻게 하위 수준에 영향을 받지 않고 연속적으로 통제하는 것을 확인할 수 있습니다. 연설 행위의 가장 하위 단계인 목소리 내는 행위는 소리의 조합을 통하여 단어를 자유롭게 만들어내지만, 상위 단계인 어휘영역에 의해 통제를 받게 됩니다. 이어서, 어휘는 어휘끼리 조합하여 자유롭게 문장을 만들어 주지만, 이는 문법 규칙에 의해 통제를 받게 됩니다. 이러한 방식이 계속 진행됩니다. 물론, 각각의 하위 수준은 이어지는 상위 수준을 제약하기도 합니다. 이를테면 무생물체를 다루는 자연 법칙은 그 법칙에 따라 고안된 기계의 실제 작동에 제한을 가합니다. 하지만 우리는 상위 수준의 작동이 그 다음 단계에서 하위 수준의 작동 통제를 받지 않게 된다는 사실을 관찰할 수 있습니다. 어휘는 일련의 소리들이 나름대로 쏟아져 나와 생긴 것이고, 문장은 일련의 단어들이 나름대로 조합하여 생긴 것입니다.

우리는 이러한 한계통제 원리가 넓은 의미에서 보면 생물체 수준의 위계에서도 작동하는 것을 알 수 있습니다. 정지된 상태에서 생명을 유지하는 식물계는 근육 행위를 통해 신체 이동 가능성 여지를 남겨둡니다. 그리고 근육 행위 원리는 다시 행위의 생득적 패턴으로 통합될 여지를 남겨둡니다. 더욱이 이러한 패턴들은 지력의 작용으로 인하여 자신들의 형체화 가능성 여지를 남겨둡니다. 이렇게 마련된 지력의 작용은 광범위한 가능성을 남겨둡니다. 이에 지력을 소유한 우리는 다시 보다 상위 수준의 원리를 행사하게 됩니다.

한계성 원리의 예증 사례를 보면, 이 원리가 기계, 가공품, 연설 행위와 같은 인간 행위를 포함하여 모든 수준의 생명체 기능에서 똑같이 존재한다는 것을 분명하게 알 수 있습니다. 즉 이 원리는 고정된 구조를 지닌 모든 실체의 기능에 모두 적용됩니다. 따라서 생물학자들의 지배적 견해, 즉 생명체의 기능을 물리와 화학의 관점에서 기계론적으로 설명해야 한다는 견해가 잘못된 것임을 심지어는 기계에 대한 우리의 분석을 통해서 확인할 수 있게 되었습니다. 더욱이, 물리와 화학에 의해 설정되는 경계조건이 곧 물리와 화학 이외의 낯선 원리들에 의해 통제된다는 사실에 근거하여 기계의 작동이 설명된다는 결론은, 생물체가 기계적으로 작동하는 부분조차도 물리와 화학에 의하여 설명될 수 없는 한계조건의 관점이 파악된다는 것을 분명하게 보여줍니다.

이 말은 생물체의 기계론적 설명에도 진리에 부합하는 여러 사안이 있다는 점을 부정하려는 것이 아닙니다. 신체 기관은 상당히 기계처럼 작동하며, 나아가 점중하는 일련의 기계론적 원리가 격상되어 신체 기관을 위계적으로 통제하게 됩니다. 기계론적 관점에서 생명 기능을 설명하려는 목적을 가진 생물학자들이 놀라운 성공을 거두고 있다는 것도 사실입니다. 그러나 이 점이 생물체의 진화가 무생물체의 요소들로 표현되는 법칙의 관점에서 설명될 수 없는 생물체만의 특징에 의하여 누적된다는 사실을 퇴색시키지 않습니다.

모든 생명 기능들을 공학과 기술에서 채용하는 기계론으로 설명할 가능성을 부정하는 소수의 중요한 생물학자들이 있습니다. 그들은 생물체를 비기계론적으로 설명하면서, 그 과정을 유기체적 organismic이라고 합니다. 이러한 유기적 과정은 재생regeneration 작용에서 발견됩니다. 이는 한스 드리쉬Hans Driesch가 발견한 바다 성게의 배아 재생 과정에서 가장 극명하게 입증됩니다. 드리쉬는 세포 또는 조합한 세포들이 낭배 단계를 거치면서 배아로부터 분리되어 정상적인 바다 성게로 발달한다는 것을 발견하였습니다. 그는 이처럼 재생시키는 능력을 가진 배아를 "조화로운 등위harmonious equipotential" 체계라고 하였습니다. 단편 상태로부터 이 같은 배아가 재생되는 것은 또한 "형태 발생적 제어mor-phogenetic regulation"로 알려져 있습니다.

반면, 배아발달과정에서 우리는 배아가 몇몇 영역에서 경로가 고착됨으로써 등위가 점진적으로 제한된다는 것을 발견할 수 있습니다. 이는 배아에 모자이크의 성격이 있다는 것을 가리킵니다. 따라서 배아의 발달에 두 가지 원리가 결합되어 있다고 할 수 있습니다. (1) 영역별로 고착된 경로는 기계론적 구조를 갖습니다. (2) 반면에 몇몇 영역에서 고정된 잠재 가능성이 상호 적응하고, 이들이 각각 등위를 유지하게 하는 제어력은 유기적 원리에 따르게 됩니다. 유기체가 성숙함에 따라, 기계론적 구조의 분화는 증가하게 되고, 이 과정에서 제어 영역은 분화의 증가만큼 감소하게 됩니다. 기계론적 과정과 유기적 과정을 기본적으로 구분하는 생물학자들은 생명 기능이 모든 단계에서 기계론적 작용에 유기적 제어가 결합하여 이루어진다고 봅니다.

게슈탈트 심리학자들은 제어 과정이 지각 형성과 유사하다고 종종 제안하기도 하였지만, 이는 지각 구조와 생물학적 제어 모두가 단지 물리적 평형의 결과라는 자신들의 주장에 묻혀 사라져 버렸습니다. 생물체의 제어 능력과 정신적 파악 능력이 서로 유사하다는 점에서 게슈탈트 심리학자들과 입장을 같이하지만, 나는 이 두 가지 능력이 모두 비생물체 특성으로 설명되지 않는 원리가 구체화된 것으로 믿습니다. 실제로 나는 이러한 원리가 생물체에 현존하는 것을 기정 사실로 믿고, 지속적으로 이 원리가 작동하는 것에 대해 탐구할 것입니다.

한계통제 원리를 기반으로 하여, 생물체가 기계론적 기능을 수행하는 것에 대한 설명으로 돌아가 보겠습니다. 한계통제는 특정 기능 수행을 위해 신체의 특정 부분에 작용합니다. 한계통제 작용과 결합하여 제어 작용이 이제 등위적으로 작동하게 됩니다. 이러한 작동은 암묵적 앎에 의하여 부분들이 통합되는 것과 유사합니다. 이러한 통합은 무엇보다도 내가 늘 말해온 것처럼 염두에 두고 있는 문제를 찾아서 해결하려는 능력들, 이를테면 시작詩作 능력, 발명 능력, 과학적 발견 능력과 닮아 있습니다. 그러한 문제들을 파악하는 것은 지금껏 관련 없다고 여겨졌던 사물들이 잠재적으로 관련이 있다는 암시를 하는 것이며, 이 문제에 대한 해결책은 새로운 시를 창작하거나, 새로운 종류의 기계를 발명하거나 혹은 새로운 과학적 지식을 개발하는 것과 같은 새로운 총체적 실체를 구비하는 것과 같습니다.

무생물은 자기충족적 특성을 지니며, 어떤 것도 성취하거나 의존하지 않으며, 그래서 오류가 없습니다. 이러한 사실로 인하여 무생물로부터 생명이 생성된다는 것은 가장 본질적인 혁신이라는 것을 알 수 있습니다. 생명 기능은 무엇을 성취하거나 아니면 성취하고자 하는 데에 실패한 결과에 따라 생겨난 것입니다. 무엇인가 성취하기를 기대하는 과정에서 그 가치를 갖고 있지 않고서는 도저히 설명할 수 없는 가치를 산출해 냅니다. 이와 같은 가치 발생의 논리적 설명 불가능성은 존재를 가지고 당위적인 어떤 것도 설명할 수 없다는 격언과 같은 맥락이라고 볼 수 있습니다. 따라서 무생물체에서 찾아볼 수 없는 원리는 그것이 생물체를 낳는 데 작용하는 것임에 틀림없습니다.

그러나 고등 생물의 위계적 구조는 생성 이후 발현 과정에 관한 설명을 요구합니다. 만약 바로 위 단계 수준이 바로 아래 단계 수준의 작동에 의하여 남겨진 경계조건을 통제하는 것이라면, 바로 이는 경계조건이 사실상 하위 수준에서 작용된 것들의 결과로 주어진다는 뜻입니다. 다른 말로 하자면, 어떤 수준도 자신의 경계 조건을 통제할 수 없고, 자신의 경계 조건을 통제하는 상위 수준을 낳게 할 수는 없습니다. 그러므로 위계의 논리적 구조는 상위 수준이 하위 수준에서는 찾아볼 수 없는 과정을 통하여 생성되며, 결과적으로 그 과정이 발현의 특징을 지닌다는 것을 뜻합니다.

다시, 이 관계를 이해하기 위하여 이에 상응하는 정신 문제를 심층적으로 짚어보겠습니다. 유기적 원리와 기계론적 원리의 조합은 심리 영역에서 암묵적 파악 능력이 일련의 정해진 논리적 규칙과 결합해 가는 것으로 대체할 수 있습니다. 아이는 태어날 때 생득적 정신 연결 능력이 빈약하지만, 보다 많은 경험을 확보하기 위하여 통합력을 작동시켜서 연결 능력을 빠르게 늘려 갑니다. 피아제는 논리적 절차와 규칙을 지속적으로 개발함으로써 아이의 추론 능력이 안정된 상태에서 어떻게 향상되는지를 연구하였습니다. 언어를 내발화하는 과정에 따라, 이러한 추론 능력이 발달하면 아이는 궁극적으로 성인처럼 마음을 작동하는 상태에 이르게 됩니다. 지난 강의에서 나는 우리가 의사소통 과정에서 의미를 파악하게 하는 암묵적 파악 과정을 설명하였습니다. 인간의 마음을 생성하는 교육의 과정은 주로 이러한 이해 능력을 실행하도록 한 것입니다. 마음이 성장한다는 것은 전체적인 개념 구조와 문화에 의해 전수된 모든 추론 규칙을 재창조한다는 것을 뜻합니다. 이러한 의미에서 언어와 논리 규칙의 준수가 창의력의 영역을 축소시키기도 하지만, 이 규칙을 활용함으로써 새로운 개념 도구를 만들어 창의력을 확장시키기도 합니다. 이 과정은 마치 생체 기관을 보다 강력하게 활용하기 위하여 등위의 영역을 제어하여 좁혀가는 유기체의 해부학적 분화 작용과 유사합니다.

나는 여기서 바다 성게 배아에서 드리쉬가 발견한 일종의 등위가 우리가 새로운 아이디어를 생성해내는 과정과 유사하다는 점에서 게슈탈트 심리학자들의 추측을 수용하고자 합니다. 그러나 내가 파악한다는 것을 일종의 발현으로 동일시하는 것은 곧 파악할 수 있는 실체를 창조하는 행위라는 뜻입니다. 이는 베르그송Bergson의 생명의 비약élan vital과 흡사하며, 쾰러Köhler의 역동적 평형을 부정하는 것입니다. 다음으로 우리는 이 개념이 생물체의 진화에 어떻게 적용되는지 반드시 고려해야 합니다. 그것은 베르그송, 버틀러, 그리고 보다 최근에 샤댕Teilhard de Chardin이 주장하는 창조적 행위자의 현존과도 관련되기 때문입니다.

우리는 현행 진화 이론에 의해 왜곡된 진화의 문제를 바로잡을 것을 단초로 하여 논의를 풀어가겠습니다. 진화에 대한 관심은 하등 생물체로부터 고등 생물체가 어떻게 나왔는가, 나아가 진화 과정에서 인간이 보다 근원적으로 어떻게 출현하였는가에 있습니다. 우발적 돌연변이에 유리한 선택에 따라 얻어진 이익만이 진화를 가능하게 한다고 보는 이론으로는 목하 문제를 제대로 다룰 수 없습니다. 꾸준히 생존하려는 모든 생물체는 동일한 생존 가치를 가지고 있습니다. 멸종되어 가는 종만이 선택에 유리한 장점을 결여했다고 말할 수는 있습니다. 이러한 진화의 관점에서 보면 오늘날 인간은 실제로 불리한 입장에 놓여 있습니다. 지구상 인류의 생존 가능성은 곤충보다도 떨어지는 것으로 보입니다. 그러나 이 관점은 인류 역사, 문학 그리고 예술의 문제를 곤충의 발생과 동물행동학 문제로 치부하듯이 인류의 출현 문제에 대한 우리 관심 사안에 어떤 영향을 미치지 않습니다. 과학적 객관성이라는 명분에서 지구상 최고 고등 동물인 인간의 입지와, 심지어는 진화의 가장 중요한 핵심인 진화 과정을 통한 인류 출현에 관한 설명을 포기한다는 것은 지적 왜곡의 극치입니다.

지속적으로 이루어지는 자연선택 과정으로서 진화가 왜곡되는 것은 관심을 진화 문제가 아니라 종의 기원에만 집중하기 때문입니다. 새로운 종류의 개체 집단의 존재 방식에 대한 천착은 우리들로 하여금 보다 근본적인 문제를 보지 못하게 만듭니다. 즉 고등 생물의 단일 개체가 어떻게 출현하는가 하는 문제를 간과해 버립니다. 그러나 우리는 고등 생물의 어떤 개체의 역사상 실존했던 조상을 조사함으로써 이 문제에 매우 간단하게 집중할 수 있습니다.

한 개인의 기원은 그 사람의 가계도family tree를 놓고 그 태고적 흔적까지 거슬러 올라가 조사하면 추적할 수 있습니다. 이 가계도의 역사적 실존 인물을 파헤치면 그 개인을 구성하는 모든 요인을 알아낼 수 있습니다. 진화의 이러한 단면은 다름 아닌 수정란에서 성숙된 인간으로 발달한 것이나 씨앗에서 자라나 단일 식물로 성장하는 과정에서 확인됩니다. 진화 과정에는 인간이건 식물이건 개체가 발현되는 모든 것을 포함합니다. 자연선택은 개체군에 관여하기 때문에, 단일 인간의 진화를 설명할 수 없습니다. 만약 우리가 군집생물학의 개념을 개체의 기원 문제에 적용하는데 천착한다면, 그것은 가계 발생이 마구 이루어지며 그 결과 발생의 어떤 인과적 설명도 하지 못하는 재앙을 자초하는 것과 같습니다. 우리는 이러한 점을 엄격하게 고려하여 보다 종합적인 통계학적 계통으로 파악하는 **계통발생***phylo-genesis*과 구분하여 인과적 계통을 파악하는 **정신발생***ideogenesis*을 설정할 수 있을지도 모릅니다.*

　그렇다고 우리가 적자생존을 설명하는 우발적 돌연변이 발생을 폐기하는 것이 아닙니다. 단지 우리는 돌연변이를 새로운 수준의 성취를 이루어가는 생명체의 변화와 구분하고자 할 따름입니다. 대부분의 고古동물학자들은 이러한 구분을 종종 이해하기 어렵기는 하지만 타당한 것이라는 데 동의할 것입니다. 그리고 일단 이러한 구분이 수용되기만 하면, 개체가 진화상 향상하게 만드는 자율적 추진력을 갖는다는 것은 초기세포로부터 개체가 성장하는 것처럼 분명해 보입니다. 과학자들이 자신의 실증적 목적을 위해 이 구분을 인정하지 않고 못본 체 하기로 결정하고 이 구분 자체를 부정하는 것은 유용성을 도모하려고 기술적 허구를 만들어 확실한 진리를 포기하는 것과 같습니다.

　본 강의를 통하여 나는 진화의 이러한 측면을 이제 일반화함으로써 암묵적 앎의 개념을 확장시켜 보겠습니다. 우리는 우리 신체가 우리 앞에 놓인 사물과 결합하여 국면을 변환시킴으로써 의미를 파악하게 하는, 우리 주위를 둘러싼 세계를 해석하는

---

* (원저자 주) 따라서 질량 작용에 기반을 둔, 통상적인 화학적 운동은 단일의 새로운 분자 발생을 야기하는 인과계열의 추적이라기보다는 화학적 변화를 보다 종합적인 차원에서 시도한 통계적 기술입니다. (허쉬바크 D. R. Herschbach, 번스타인 R. B. Bernstein, 폴라니 J. C. Polanyi 외 다수의 연구에서 알 수 있듯이) 화학적 반응에 대한 현대 역학은 이러한 인과계열로도 표현되기도 합니다.

암묵적 힘tacit power을 확인한 바 있습니다. 이러한 파악 방식은 이론적이면서 동시에 실제적입니다. 사물을 파악하는 일련의 실체는 우리 자신의 행위를 별도로 하여 다른 사람의 행위와 그들 자신을 포함하도록 확장하여 작동합니다. 여기서 우리는 생물학 전체 영역을 넘어서 실체가 논리적으로 일관되게 결합된 연속적 존재로 인식되는 관문에 도달하게 합니다. 이러한 사고는 인간 행위의 범위를 넘어서 인간 개체 영역, 그리고 동·식물 영역을 총괄하는 모든 생물 수준을 포괄합니다. 이는 생물체가 성층화된 세계stratified universe를 구성함을 뜻합니다. 한 유기체 내에서 높은 수준의 원리는 그 바로 아래 원리에 의해 영향 받지 않고 그들 사이의 주변 경계를 통제합니다. 유기체는 아무 간섭 없이 작동할 경우에는 하위 수준의 원리에 의존하지만, 상위 수준 원리가 하위 수준 원리에 따라 논리적으로 설명되지 않기 때문에, 유기체를 유기체 작동 원리만으로 설명할 수 없습니다.

생물체가 발현되는 첫 번째 국면은 진화상 후속 단계들의 원형으로서, 상위 원리들이 생명체로 생성되도록 작동한 것에서 찾을 수 있습니다. 발현의 모든 단계에서 암묵적 앎에 의해 성취되는 조작 능력이 확장된다고 봅니다. 발현의 각 단계에서 보여지는 현상은 진화상 생물체가 암묵적 앎의 기능이라고 확인했던 정신적 능력을 상위 수준에서 생성함으로써 그 능력이 일반화되어 드러난 것입니다.

성층화된 세계라는 나의 이론은 생물체가 각기 독특한 수준을 유지하고 있다는 점을 강조한 것입니다. 그러나 진화는 계속적인 과정입니다. 따라서 나의 입장은 새로운 기능들이 아직 인지

되지 않은 형태로부터 발현되기 때문에 그 기능들이 점진적으로 보강되어야 한다는 점을 궁극적으로 수용하여 수정될 수 있습니다. 나는 여기서 인간이 진화를 통하여 출현하면서 특정 요소들이 점진적으로 보강된다는 점을 어느 정도 언급함으로써 내 입장을 밝혀보겠습니다. 인간이 발현하는 일련의 과정이 점증적이며 복잡하다는 점은 매 단계에서 그릇되게 이행될 경향성도 수반하게 됩니다. 생물체가 자신의 독특한 형태를 획득하면서 성장하는 과정에서 기형들을 산출할 능력을 지니게 될지도 모릅니다. 이 과정에서 생리적 기능이 무력화되며, 궁극적으로 죽음에 이르는 질병에 걸리기 쉽습니다. 그릇된 생리적 기능이 지각, 욕구 충족 및 학습을 오작동시켜서 더욱 곤경에 빠뜨립니다. 게다가 인간은 동물들보다 오작동 가능성이 훨씬 더 광범위하게 나타날 경향이 짙을 뿐만 아니라 도덕감moral sense에 비추어 악행을 저지를 능력도 소지하고 있습니다.

이러한 잠재 능력과 오류 가능성이 나란히 발달하는 것은 이 두 가지가 한 개체의 특성으로 통합되기 때문입니다. 생물은 일상적으로 개체 형태로 존재한다고 여겨집니다. 그러나 식물 수준의 작물들에서 개체성은 찾아보기 매우 어렵습니다. 개체 중심성은 동물이 활동함에 따라 보다 확연해지며, 이로 인하여 지력이 발휘되는 양상으로 성장하게 됩니다. 이는 인간에게 개인적 특질을 불러 일으킵니다. 그러나 개체를 중심으로 하여 부가되었던 모든 기능이 또 다른 실패를 부를 비난에 직면하게 됩니다.

모든 생물은 성패 능력에 따라 그 특징이 파악되기 때문에,

모든 생물 활동은 필연적으로 임계적critical입니다. 가치평가로부터 벗어난 엄격한 관찰은 무생물의 탐구에서만 가능합니다. 이러한 비판의 흔적은 일부 과학에서 찾을 수 있습니다. 일례로 결정학crystallography에서는 표본이 이론에 부합하지 않으면 불충분한 것으로 기각됩니다. 그러나 결정체는 기능을 수행하지 않습니다. 따라서 아무리 하등 생물체라 하더라도 어떤 결정체보다 기능적 성패에 훨씬 더 강도 높게 관심을 기울입니다.

고등 동물의 점점 더 복잡해진 기능을 모두 설명하도록 발전된 생물학의 새로운 분과는 관찰자가 이 동물을 제대로 측정할 수 있도록 부가적 기준을 마련하고 있습니다. 그리고 비판을 보강하면서 수행한 작업이 과학자와 관찰 대상 사이에서 비롯된 연구내용을 풍부하게 만들었습니다. 우리는 행동 양태를 파악함으로써 어떤 사람을 아는 것과 같은 방식으로 어떤 동물을 알 수 있습니다. 그리고 그 행동양태가 지니는 의미에 관심을 가짐으로써 그 생물체를 독자적인 개체로서 평가합니다. 가장 낮은 식물 상태 수준에 머문 동물에게조차 우리는 우리가 관심을 가진 동물의 결정적 특징에 따라 그 동물의 입장을 수용합니다. 이러한 의미에서 모든 생물 활동은 상호우호적convivial입니다. 그러나 이 상호우호성은 동물이 인간 수준에 도달할 수 있다는 정서적 관심을 야기합니다. 그 결과 우리는 동물이 감각과 지력을 지닌 존재이며, 무엇보다도 우리 자신과 맺는 감정적 유대를 맺게 된다는 것을 인식하게 됩니다.

그러나 우리가 아무리 동물을 극진히 사랑한다 해도, 어떤 동물도 결코 진화로 도달할 수 없는 오로지 우리 인간만이 공유할 수 있는 감정이 있습니다. 나는 인성personhood의 가장 높은 수준에서 인간의 기준을 정점으로 이끌어가는 도덕감에 초점을 맞추어야 한다는 점을 언급한 바 있습니다. 도덕감이 부재하는 것처럼 보일지라도, 도덕감을 존중해야 할 가능성은 충분히 있습니다.

우리는 여기서 진화의 과정에서 확인된 중요한 새로운 과제에 직면합니다. 그 과제란 태곳적부터 오늘에 이르기까지 진화의 과정을 면면히 지배해왔던 자기보존의 관점을 무시하면서 설정된 도덕적 명령에 복종시키기 위하여 도덕감과 인간 존중만을 주장했다는 가공할 만한 사실에 대처하는 것입니다.

물론 진화를 통하여 이기적 삶의 완벽한 추구가 오억 년을 이어왔다는 것을 추가적으로 지적할 수 있습니다. 그리고 이 문제는 어느 정도 생물학적으로 설명할 수 있습니다. 보다 상위 요구에 복종하는 잠재력은 인간이 다른 사람과 특정한 관계를 맺을 능력, 이를테면 우리 자신보다 위대한 사람에 대한 경외감을 느낄 능력과 상당히 관련됩니다. 만약 진화가 수준 높은 도덕적 의무감을 지닌 인간의 출현을 설명할 수 있다면, 그것은 곧 인간 위대성의 출현을 설명하는 것임에 틀림없습니다.

다음 강의에서 나는 인간의 문화적 장치를 설명할 수 있도록 지금까지 설파한 포괄적인 내용을 더욱 확장시켜 보겠습니다. 이는 책임지는 인간 행동이 무엇인지를 가려주는 틀을 제공할 것이며, 또한 이 틀은 인간의 도덕적 결정이 개별 사안에만 결부된다는 점을 밝혀줄 것입니다.

3

탐구자의 세계

-

A Society of Explorers

🌰 탐구자의 세계

나는 첫 강연에서 암묵지의 위력에 관하여 말씀드렸습니다. 이 강연을 통하여 나는 암묵지가 착화indwelling를 통하여 사물의 총괄 파악comprehension을 가능하게 하며, 모든 지식은 이 총괄 파악이 작용하여 구성되거나 총괄 파악에 근거한다는 점을 밝힌 바 있습니다. 두 번째 강연은 암묵지의 구조가 어떻게 총괄 파악의 구조를 결정하는지를 밝힌 바 있습니다. 인간 행위를 총체적으로 파악하는 암묵적 앎의 방식을 연구함으로써 우리는 파악된 내용이 파악에 작용하는 방식과 동일한 구조를 가진다는 점을 알 수 있습니다. 그리하여 총체적으로 파악된 실체와 그 부분 간의 관계는 실재의 두 수준, 즉 하위 수준과 그것을 지배하는 원리에 의해 영향을 받지 않는 한계조건을 통제하는 상위 수준 간의 관계를 살펴보았습니다. 하위 수준과 상위 수준은 위계를 형성하기 위해 상호 누적 작용을 하며, 이러한 누적이 생물체가 나름대로 성층화를 이루어가며 존재하게 합니다. 이 성층화는 그 다음 상위 수준을 이끌어내는 행위가 출현하는 틀을 제공합니다. 처음에는 무생물로부터 생물체로, 이어서 각 생물체 수준에서 상위 수준을 생성하는 어떤 틀을 제공합니다. 이는 개체의 발생은 물론 생물체 진화를 모두 설명해 줍니다.

그 결과 암묵지로부터 생물체의 근본적 혁신을 이루어내는 기능이 발현되는 것이며, 이러한 발현이 인간 출현이라는 정점에 이르기까지 지속되며, 궁극적으로 인간이 앎의 세계를 지니게끔 작용하게 됩니다. 그리하여 부분들의 착화를 통하여 사물의 총괄 파악이 가능한 전혀 새로운 국면을 만들어냄으로써 인간은 정신세계와 마주하게 됩니다.

이제 우리는 새로운 주제로 들어가 보도록 하겠습니다. 우리는 암묵적 앎에 근거하여 진화론적으로 생성된 인간의 지적 능력이 인간에게 도덕감을 묻고자 할 경우에 반드시 요구되는 문제인 도덕적 분별력을 발휘할 수 있는지 검토해 보아야 합니다. 사실상, 정밀 과학의 이상을 반박하는 나의 입장에서 도덕적 기준을 정당화해 주는 새로운 이론을 정립할 수 있는 길이 열릴 수 있을까요?

내가 출발점으로 삼았던 문제에서 다시 나의 입장을 살펴보도록 하겠습니다. 지식 그 자체의 추구를 목적으로 하는 과학의 정당성을 부정했던, 상당 기간 소련의 스탈린 치하에서 지배해 왔던 과학관에 내가 얼마나 충격을 받았는지 여러분에게 이미 말한 적이 있습니다. 인간이 스스로 정신세계를 희생시키는 폭력은 사실 도덕적 동기에 의해 실행되었으며, 광란의 도덕적 열정과 역사적으로 유례없었던 명석한 비판이 혼재되면서 인류 문명 전체를 흔들어 이성과 도덕성을 모두 말살하거나 마비시켰다는 것을 언급한 바 있습니다.

과학적 합리주의가 애초에는 종교적 규범을 뒤흔들고 난 다음 그 합리적 기반을 손상시킴으로써 어떻게 기존의 도덕적 신념을 무력화시켰는지가 자주 언급됩니다. 그러나 이러한 통상적 견해만으로 현대 사회의 정신세계의 실상을 온전하게 파악할 수는 없습니다.

계몽사상이 기존 교회의 권위를 약화시켰고, 현대 실증주의가 모든 초월적 가치의 정당화 논의를 부정한 것은 사실입니다. 그러나 나는 정밀 과학의 지식 추구 이상이 도덕적 신념의 기반을 흔들어놓은 불신 그 자체가 교회의 초월적 가치를 정당화하는 신념을 손상시켰다고 생각하지 않습니다. 현대인의 자기 파괴적 정신 성향은 과학적 회의주의의 영향이 오히려 정반대 방향에서 몰고 온 열정과 결합하여 생긴 것입니다. 이러한 현대인의 정신적 성향은 바로 도덕적 진보를 갈망하는 새로운 열정이 현대 과학적 회의주의와 결합되어 나타난 것입니다.

새로운 사회적 열망은 당초 기독교에 그 기원을 두고 싹텄지만, 그것은 오히려 기독교를 공격함으로써 발전하였습니다. 기독교적 열망이 사람들의 세속적 사고를 압도하고, 세속 사회에서 도덕적 요구를 굉장히 강화하도록 했던 기독교 교회가 지녔던 지적 권위가 계몽사상에 의해 약화된 것입니다. 기존 교회의 통제가 결과적으로 당시 사회에 결국 도덕적인 해를 끼쳤을지 모르지만, 사실 초기의 그 사회적 효과 면에서 보자면 사회의 도덕 기준을 상승시켰습니다.

더욱이 과학적 회의주의는 처음에는 사회적 개선을 바라는 새로운 열정과 부드럽게 협응하였습니다. 기존 권위에 대항함으로써, 회의주의는 정치적 자유와 인본주의적 개혁에 길을 열어주었습니다. 19세기 내내 과학적 합리주의는, 서양 문명사를 통해 볼 때, 공·사 모든 측면에서 인간관계를 향상시키는 사회적 변화와 도덕적 변화를 고무시켰습니다. 실지로, 프랑스 혁명 이래 작금에 이르는 오늘날까지, 과학적 합리주의는 지적, 도덕적, 그리고 사회적 진보에 영향을 미쳐왔던 핵심 요인입니다.

그렇다면 과학의 도덕적 회의주의와 현대인의 유례없는 도덕적 요구가 운명적으로 상호 갈등하게 된 연유는 어디서 찾아야 할까요?

이 두 가지 요인이 상호 유익하게 결합되었던 시기에도 우리는 이 요인들의 저변에 깔려 있는 파괴적 영향력을 추적해낼 수 있으나, 이 파괴적 성향이 극도로 지배적인 형태로 표출된 것은 지난 오십 년에 걸친 기간이었습니다. 과학적 회의주의와 도덕적 완벽주의는 상당 기간 동안 이전보다 더 극단적이고 비타협적인 형태로 우리의 생각에 보다 더 깊이 파고들어 궁극적으로는 여러 가지 위험한 내적 모순을 담고 있는 다양한 형태로 결합되어 나타났습니다.

회의주의와 완벽주의가 이처럼 뒤얽히어, 개인적인 차원과 정치적 차원으로 나뉘어 나타나게 되었습니다.

뒤얽힌 첫 번째 형태는 현대 실존주의에 의해 대표됩니다. 과학적 사고의 분리는 있는 그대로의 사실의 세계만을 우리에게 딱딱하게 제공할 뿐입니다. 거기에는 권위나 전통을 정당화할 어떤 것도 없습니다. 오로지 사실만이 존재할 뿐입니다. 그렇게 되면 인간의 선택만이 무한정한 형태로 남게 됩니다. 여러분은 도덕적 완벽주의가 실존주의에 의해 타격을 받았을 것으로 기대할지 모릅니다만, 사실은 전혀 그렇지 않습니다. 오히려 도덕적 완벽주의가 판을 칩니다. 현대 실존주의는 기존 사회의 도덕성을 인위적, 이데올로기적, 위선적인 것이라고 비난하는 데에 도덕적 회의주의를 활용하기 때문입니다.

도덕적 회의주의와 도덕적 완벽주의가 결합한 결과 명시적으로 진술된 모든 도덕성의 위엄을 떨어뜨립니다. 그 결과 우리는 도덕적 이상을 표명하는 것에 대하여 모멸적인 감정을 갖게 됩니다. 그리고 도덕적 이상을 표명하지 않게 된 상황에서 도덕적 열정은 반反도덕적 입장에서만 성립할 수 있습니다. 절대적인 자기주장, 이유 없는 악행과 범죄, 자기 증오와 절망은 나쁜 신념에 대한 혐오감이 무감각해지는 것에 맞서 불가피하게 자기방어기제로 꾸며낸 것입니다. 현대 실존주의자들은 사드 후작 Marquis de Sade을 이러한 종류의 초기 도덕성을 지닌 인물로 인식하고 있습니다. 도스토예프스키의 작품 〈악령 The Possessed〉에서 스타브로지나 Stavrogin는 문학 차원에서 이를 대표하는 전형적인 인물일 것입니다. 이에 관한 이론은 모름지기 니체의 〈도덕의 계보 The Genealogy of Morals〉에서 처음으로 소개되었습니다. 랭보 Rimbaud의 〈지옥에서 보낸 한 철 Une Saison en Enfer〉은 이를 표방한 첫 번째 주요한 작품입니다. 현대 문학은 이러한 부류의 작품들로 가득차 있습니다.

이러한 경향에 입각하여 확립된 도덕성 개념은 선과 악 사이의 구분 자체를 제거해 버렸습니다. 따라서 이러한 경향에 대하여 도덕적 비난을 하는 식으로 반대를 표시하는 것은 무의미한 일입니다.

현대인의 전례 없는 비판적 태도는 현대인의 전례 없는 도덕적 요구와 동일한 것으로 혼동되고, 그 결과 분노한 절대적 개인주의가 출현하게 됩니다. 그러나 절대적 개인주의 출현과 병행하여 개인의 완전한 억압을 용인하는 정치적 교화가 출현됩니다. 과학적 회의주의와 도덕적 완벽주의가 결합하여 도덕적 이상에 대한 어떠한 시도도 부질없고 부정직한 것으로 비난하는 강압적인 경향을 드러냅니다. 여기서 완벽주의는 사회를 혁명적으로 변화할 것을 요구하지만, 이 같은 유토피아적 기획마저 공표되는 것을 허용하지 않습니다. 완벽주의는 유토피아를 거리낌 없이 실현할 수 있다고 여겨지는 권력을 쟁취하는 것으로 구체화되면서 그 도덕적 동기를 숨깁니다. 이로 인하여 마르크스주의의 믿음을 과학적으로 검증 가능한 것으로 맹목적으로 수용토록 합니다. 마르크스주의는 공공 생활에서 도덕적 동기의 실재를 부정함으로써 현대인들에게 자신의 이상을 아예 의심하지 못하도록 막아놓고는 무한한 도덕적 열망을 갖게 하였습니다. 마르크스주의의 위력은 이처럼 모순되는 두 가지 현대 정신의 핵심을 단일한 정치적 교리로 통합시킨 데 있습니다. 이와 같은 방식으로 마르크스주의는 과학적 허무주의에 입각하여 도덕적 분노를 야기하고, 도덕적 분노는 도덕적 회의주의를 촉발시키는 사고체계를 전파한 것입니다.

1935년 봄, 부하린이 사회주의 체제에서 과학적 진리는 그 자체를 위해 추구되지 않는다고 점잔 빼면서 설명한 것은 완전히 순환론에 빠진 것입니다. 도덕적 완벽주의는 과학적으로 승인된 정치권력을 통해서만 구현되기 때문에, 진리 추구를 위한 어떤 여지도 남겨두지 않습니다. 부하린은 3년 뒤 죽음에 직면하고서야 자신이 잘못된 입장을 견지했음을 확실하게 알게 되었습니다. 진실을 말하고자 했다면, 그것은 그 당시에는 생각조차 할 수 없었던 공산혁명을 비난했어야 합니다.

이러한 자기 파괴적 요인들이 우리가 사물을 아는 방식을 재고하는 데 있어서 잘 어울릴 것이라고 생각하는 것은 터무니없어 보일지 모릅니다. 내가 오늘날 지식 문제를 깊이 재고하는 것이 여전히 유효하다고 믿는 것은 현재 우리가 당면한 사태를 야기한 사고방식에 대한 반감이 두드러지기 때문입니다. 소비에트 제국의 안이건 밖이건 간에 관계없이 사람들은 회의주의와 완벽주의가 혼합되어 나온 생각에 넌더리가 나 있습니다. 우리는 근본적인 문제로 돌아가 그것을 새롭고 보다 진실된 자세로 재고해 볼 가치가 있다고 봅니다.

나는 이 문제를 몇 가지 측면에서 검토해 보았습니다. 내가 언급하고자 한 논점은 계몽주의에서 발아한 거대한 철학적 흐름이 인간은 자기 결정을 할 수 있는 절대 존재라는 신념을 가져왔던 그 논거를 부정하려는 데 있습니다. 암묵적 사고가 모든 앎을 가능하게 하는 필수불가결한 요소이며 모든 명시적 지식이 의미를 갖게 하는 작용을 하는 궁극적인 정신능력임을 인정한다면, 저명한 위인들은 말할 것도 없고 계몽시대 이래 각 세대는 자신들이 받았던 교육내용을 자체적으로 비판해야 한다는 생각을 접어야만 합니다. 확인가능한 전제에서 도출된 명제들은 그 전제와 그것을 이끌어내는 추론의 과정을 비판적으로 검토할 수 있습니다. 그러나 우리가 말할 수 없는 것에 대하여 많이 알고 있다면, 설사 알고 있는 것을 말할 수 있는 것도 그 명제를 뛰어넘는 실재를 파악할 수 있을 경우에만 사실이라는 점을 인정한다면, 그리고 그 실재라는 것이 미래의 어느 시점에서 예기치 않은 결과가 쉽게 가늠할 수 없는 형태로 출현될 수 있다는 것을 인정한다면, 또한 우리가 실제로 인정하는 위대한 발견이나 한 인물의 훌륭한 능력이 사실은 미래에 나타날 아직 드러나지 않는 것에 의존한다는 사실 때문이라면, 우리가 확인가능한 확실한 근거만을 토대로 성립한다고 본 지식관은 붕괴될 것입니다. 그 결과 우리는 세대를 넘어서 지식이 전수되어 가는 것은 전적으로 암묵적인 것 덕분이라고 결론 내릴 수 있습니다.

우리는 부분들이 공동으로 구성하는 어떤 실체를 파악하는 과정에서 암묵적 지식이 그 세부적인 부분들에 착화하면서 작용한다는 것을 살펴보았습니다. 이와 같은 방식으로 착화 작용이 똑같이 적용되어, 학생은 교수-학습 초기 단계에서 무의미해 보이는 내용을 교사가 실제 수행하는 것과 동일하게 착화 작용을 일으킴으로써 의미 있는 내용으로 파악하게 됩니다. 이러한 노력에는 교사의 권위를 수용하는 것이 반드시 전제되어야 합니다.

유아의 마음이 오묘하게 전개되는 과정을 생각해 봅시다. 아이의 마음은 성인 행동과 언어에 숨겨진 의미에 따라 가름할 수 있다는 확신에 의해 활성화됩니다. 이는 곧 아이의 마음이 잠재적 언어와 행동의 의미를 어떻게 파악하는가의 문제입니다.

아울러 그 파악 과정에서 교사를 얼마나 신뢰하는가에 따라 매번 새롭게 성취하게 됩니다. "교사를 신뢰하지 않는다면, 이해할 수 없을 것"이라는 성 어거스틴St Augustine의 교훈은 이를 일컬어 언급한 것입니다.

그렇다면 우리가 무엇인가 알고자 한다면 알기 이전에 믿음이 요구된다는 전통주의traditionalism는 우리가 가시적 자료에만 의존하고, 반복적인 귀납적 검증을 통한 형식적 추론에 의해 도출된 명시적인 진술만을 신뢰하도록 하는 과학적 합리주의보다는 오히려 지식의 소통과정과 지식의 본질에 관한 심오한 통찰에 근거하고 있습니다.

그러나 나는 독단적 교리를 지지하려는 취지에서 전통주의를 다시 옹호하려는 것이 아닙니다. 내가 말하고자 하는 것은 어떤 종류의 문화 전수이건 간에 권위에 대한 신뢰가 불가피하다는 점이며, 그것은 종교적 권위에 복종을 요구하는 것이 아니라는 것입니다. 내가 말하는 전통주의가 어느 정도 종교적 사고와 관련을 맺고 있음을 인정하지만, 이는 사안의 본질이 아니어서 여기서는 제쳐두도록 하겠습니다. 현대인의 예민한 비판력은 무엇보다도 세속적 기반에 근거하여 무한정 요구되는 도덕적 조건들을 만족시켜야만 합니다. 종교적 계시처럼 약화된 권위는 이러한 요구를 충족시킬 수 없으며, 오히려 종교적 권위는 도덕적 요구를 충족시킴으로써 보강될 수 있을 것입니다.

나는 어떤 방식에서든 프랑스 혁명의 영향력을 무시하지 않을 것입니다. 오히려 그 역동적 영향력을 인정합니다. 그러나 나는 새롭게 설정된 인간의 자기 결정관은 전통의 권위주의적 구조

속에서 인간 스스로의 한계를 인식하는 파괴의 과정을 극복하면서 살아남을 수 있다고 믿습니다. 각 세대는 자신의 제도를 스스로 새롭게 결정할 권리를 갖는다고 페인Tom Paine이 선언할 수 있었던 것은 그가 주장하는 내용이 사실상 매우 온건했기 때문입니다. 의심의 여지 없이 그는 기존의 문화 전수와 사유재산 제도의 존속이라는 틀 안에서 자기 결정의 틀을 수용하였습니다. 페인의 생각을 오늘날 관점에서 보아도 전통의 연속성을 의식적으로 인정함으로써 자기 파괴의 위험을 피할 수 있었습니다. 점진적 진보가 무한 진행한다는 페인의 이상은 그와 반대편에 서 있는 버크Edmund Burke가 주장하는 전통주의에 의해서 혁명에 의하여 파괴되지 않고 수호될 수 있습니다.

＊ ＊ ＊

이제부터 자유롭고 역동적인 현대 사회에서 요구되는 지적, 도덕적 진보를 위한 새로운 패러다임에 전통주의적 구조가 불가피하게 요구된다는 점을 논의하도록 하겠습니다. 이는 자유롭고, 역동적인 사회에서 다른 지적·도덕적 발전을 위한 패러다임으로서 역할을 할 것입니다. 이를 위하여 자연과학의 예를 들도록 하겠습니다. 현대 과학이 기존의 권위를 맹렬하게 반대함으로써 구축된다는 사실은 매우 놀랄 만한 일일 것입니다. 현대 과학이 형성된 몇 세기 동안 권위에 대한 반항은 그 자체가 승리의 함성이었습니다. 이 승리의 함성은 베이컨Bacon과 데카르트Descartes에 이어 영국 왕립 학회 창시자들이 고안한 **눌리우스 인 버르바**Nullius in Verba*로 이어졌습니다. 이들은 당시에 이 말을 진리로 여겨 매우 중요하게 인식하였습니다. 그러나 일단 그들이 타도하고자 한 적들을 모두 패퇴했을 때, 과학에 의해 저질러진 권위와 전통의 전적인 부정은 사태를 오도하는 슬로건이 되었습니다.[8]

과학에 대한 대중적 개념은 과학이 관찰 가능한 사실의 집합이어서 누구든지 이를 검증할 수 있다고 하는 것입니다. 병을 진단할 때와 마찬가지로, 전문가의 지식이 필요한 경우를 보면 이것이 사실이 아니라는 것을 알 수 있습니다. 그리고 이 대중적 개념은 물리학에서도 사실이 아닙니다. 무엇보다도, 누구나가 천문학과 화학의 법칙을 검증하기 위한 설비를 이해할 수 있는 것이 아닙니다. 그리고 설사 천문대와 화학 실험실을 이용할 수 있다고 쳐도, 관찰과 실험을 하기도 전에 그 설비들을 복구할 수 없을 정도로 손상시킬 것입니다. 설사 전문 과학자가 아닌 당신이 과학 법칙을 검증하는 관찰과 실험에 성공하였다고 하더라도 예상치 못한 엉뚱한 결과를 얻어낼 수도 있으며, 그것은 곧 실수를 저질렀다는 것을 인정하는 것입니다.

일반인이 과학 법칙을 수용할 수 있는 것은 전적으로 권위에 달려 있습니다. 이는 과학자들이 그들 자신 이외의 다른 과학 분야에서 얻은 결과를 활용하는 경우에도 마찬가지로 적용되는 사실입니다. 과학자들도 과학적 사실을 획득해내기 위해서 동료

---

* (역자 주) 본문에 소개된 것처럼, 라틴어인 이 말은 베이컨의 비전을 이어 받은 영국왕립학회의 모토로 "누구의 말도 곧이곧대로 받아들이지 말라," 또는 "누구의 말도 그대로 취하지 말라"는 뜻을 지니고 있다. 즉 권위와 전통을 인정하지 않는 태도가 곧 과학을 우선시하는 당시의 사고 풍조를 나타낸 말이다.

과학자들의 권위에 의존할 수밖에 없습니다.

이러한 권위는 여타의 모든 과학자들에게 연구논문을 기고하는 절차에 대하여 과학자들이 행사하는 통제방식에서도 세워집니다. 충분히 개연성이 있어 보이는 과학적 제안일 뿐인데도 과학 학술지에 게재되기도 하지만, 게재 거부는 과학에 의하여 이루어진 것입니다. 과학 논문 게재 여부는 실상의 본질을 제대로 파헤쳤는가 하는 신념과 과학에 도움이 될 방법인가 하는 신념에 기초합니다. 그런데 이러한 신념은 결코 성문화할 수 없습니다. 그것은 주로 과학 탐구의 전통적 추구 방식에 암묵적으로 포함되어 있습니다.

내가 의미하는 바를 보여주기 위해 터무니없을 정도로 타당성을 결여한 주장을 예시하는, 25년 전에 〈네이처 *Nature*〉에 실린 글을 하나 소개하고자 합니다. 이 글의 저자는 토끼로부터 암소에 이르는 여러 포유동물의 평균적 수태 기간이 π의 정수배임을 발견하였습니다. 그가 제시한 증거는 충분하였으며, 이에 대한 호응도 있었습니다. 그러나 학술지에 기고한 이 글은 단지 조롱거리로 여겨졌습니다. 임신기간이 π의 정수배에 상응한다는 사실을 어떤 현대 생물학자도 믿게 할 수 없었기 때문입니다. 사물의 본질을 보는 우리가 이론에 담긴 내용이 너무 황당하다고 생각하고, 이를 실제로 증명할 방도가 없다고 결론 낸 것입니다. 또 다른 과학적인 보기로서 레이리 경Lord Rayleigh이 1947년 영국왕립학회지에 제출한 물리학 논문을 들 수 있습니다. 연구자에 따르면 그것은 금속선에 충돌한 수소 원자가 100 전자볼트에 가까운 에너지를 전도한다는 매우 간단한 내용입니다. 이 내용이 맞다면, 이것은 1939년 오토 한Otto Hahn이 발견한 원자핵분열보다 더 혁명적인 내용이 될 것입니다. 그러나 이 논문이 발표되고 나서 내가 여러 물리학자들에게 이 논문에 관한 의견을 물었을 때, 그들은 의혹에 차서 매우 머쓱한 태도를 보였습니다. 그들은 그 실험에 결정적인 하자를 찾아내지는 못하였지만, 그 실험 결과를 신뢰할 수 없을 뿐만 아니라 그것의 진위여부를 따지기 이전에 그것이 사실이 아니라는 것조차 입증할 가치가 없다고 여겼습니다. 한마디로 무시해 버렸습니다. 약 10년 후 레이리 경의 연구 결과를 설명해 줄 수 있는 실험이 진행되고 있음을 알았습니다. 레이리 경의 연구 결과는 당시에 그가 주장하지 않는 편이 나았을 정도로 과학자들의 큰 관심을 끌 만큼 뚜렷한 잠재요소가 없었습니다. 그는 자신의 연구가 잘못된 것임에 틀림없다고 확신해야 했고, 그런데도 묵과했어야만 좋았을 자신의 주장을 발표했던 것입니다.[9]

선뜻 수긍하기 어려운 주장을 거절하는 것이 종종 잘못된 것으로 판명되는 경우가 있는 것이 사실이지만, 비판거리조차 되지도 않는 허튼소리라고 몰아붙일 수 있는 기회가 학술지에 허용되는 일이 있어도 이러한 부당한 경우를 막을 안전장치가 마련되어야 합니다.

과학자들에 대하여 과학적 견해를 갖도록 권위를 유지하는 데 요구되는 조건이 있습니다. 과학 이론으로 성립하기 위해서 사실 진술이 단지 진리이어야 할 뿐만 아니라 흥미로운 것이어야 하고, 특히 과학 자체에 흥미를 갖도록 합니다. 신뢰도와 엄밀성이 과학적 강점을 드러내는 요소로 간주되기는 하지만, 이

것만으로 충분한 것이 아닙니다. 이것 말고 두 가지 요소가 과학에 대한 평가에 추가되어야 합니다. 하나는 과학의 체계적 구조가 스스로를 수정하거나 확장하는가입니다. 다른 하나는 발견에 대한 신뢰와 발견에서 나오는 이득에 집착에서 적당하게 거리를 두는 것입니다. 왜냐하면 과학적 발견이란 바로 과학이라고 일컬어지는 활동이 착수하기 이전부터 이미 알려고 했던 탐구 활동으로 존재하기 때문입니다. 곧 발견은 그 해당 주제에 대한 내재적 관심을 갖는 데서 이루어집니다.

따라서 기여할 만하다고 여겨지는 과학적 가치는 과학적 정밀성, 체계성, 그리고 해당 주제 자체에 대한 내재적 흥미라는 세 가지 요소에 의해 결정됩니다. 이 세 가지 요소가 각기 얼마나 과학적 가치에 기여하는가는 과학의 여러 영역에 따라 상당히 달라집니다. 이 세 가지 중에서 한 가지가 부족하면 다른 것이 두드러져 균형을 잡게 됩니다. 수리물리학은 고도의 정밀성과 최대한의 체계성을 요구하며, 이는 수리물리학이 자신의 탐구대상인 비생물체에 대하여 내재적 흥미를 일으키지 못한 점을 보상해 줍니다. 반면, 과학의 다른 쪽에서 보면, 동물학과 식물학은 물리학에 비추어 엄밀성과 구조상의 체계성을 떨어지지만, 비생물체를 능가하여 생물체에 대한 상당히 많은 내재적 관심을 기울인다는 점 때문에 이 부족함을 상쇄해 줍니다. 과학적 지식은 그 지식을 판가름하는 이들이 보기에 수용할 만한 과학적 가치가 결여된 요인을 지속적으로 제거하고 있다는 사실 덕분에, 정확성, 체계성, 그리고 관련 주제에 대한 일반적 관심이 복합적으로 작용한 결과를 만들어집니다. 과학은 과학적 의견이

미묘하게 평가에 반영되어 형성됩니다.

　그렇다면 우리는 현재처럼 임의적으로 이루어지는 주관적 판단에 따른 기존 가치의 순응conformity이 과연 과학적 독창성 출현을 보장할 수 있을지에 대하여 의문을 제기하게 됩니다. 과학이 놀랄 만한 발전을 해온 전체 역정을 보면 알 수 있듯이, 과학적 전통에 순응한다고 해도 과학에서 독창성은 확실히 발휘됩니다. 그러면 독단처럼 보이는 근거를 토대로 이러한 놀라운 일들이 어떻게 일어날 수 있을까요?

　우리는 종종 이론이 **의외의 확증**surprising confirmation으로 이루어진다는 말을 듣게 됩니다. 콜럼버스의 아메리카 대륙 발견은 지구가 구형이라는 놀랄 만한 사실에 대한 확증이었고, 전자 회절electron diffraction의 발견은 드 브로이De Broglie의 물질 파장 이론에 대한 뜻밖의 확증이었으며, 멘델의 유전 법칙에 대한 뜻밖의 확증은 유전학의 발전을 가져왔습니다. 우리는 여기서 기존 지식이 암시하는 가능성을 탐색함으로써 새로운 발견이 이루어진다는 데서 모든 과학 발전이 이루어지는 패러다임을 알 수 있습니다.

　이는 또한 급진적으로 새로운 발견이 일어나는 경우에도 적용됩니다. 1900년 막스 플랑크Max Planck가 자신의 양자이론을 수립할 때 사용한 모든 자료는 다른 물리학자들이 모두 조사할 수 있도록 개방된 것이었습니다. 그러나 당시 그만이 홀로 인류의 세계관을 변화시킬 새로운 질서가 그 안에 새겨져 있음을 보았습니다. 다른 어떤 과학자도 이처럼 신비스러운 비전을 전혀 눈치 채지 못했던 것입니다. 그의 발견은 아마 아인슈타인의 발견에 비하여 플랑크가 외롭게 홀로 이루어낸 것이었습니다. 비록 그의 이론을 뒷받침할 많은 획기적 확증이 뒤이은 몇 년 동안 이루어졌지만, 선도적 물리학자들에 의해 양자이론이 최종 승인을 얻기까지 11년이 걸릴 정도로 플랑크의 아이디어는 매우 낯선 것이었습니다. 1914년이 되어서도 양자에 대한 논쟁은 베를린의 위대한 네른스트Walther Nernst*의 집에서 열린 저녁 파티에서 농담으로 취급될 정도였습니다. 후에 처월 경Lord Cherwell이 된 당시 대학원생이었던 린데만Lindemann은 부유한 여성과 갓 결혼한 동료 대학원생이 그때까지 에너지등분배론자equipartitionist**였으나 이후 양자를 신봉하게 되었다는 사실을 언급한 적이 있습니다. 그러나 30년이 또 다시 지나서야 과학에서 플랑크의 입지는 그때까지 뉴턴에게 주어졌던 영예에 필적하고 있습니다.

과학은 이처럼 엄청나게 권위주의적 입장을 보이기도 하지만, 다른 한편으로는 특정한 예외를 용인할 뿐만 아니라 창의적인 반대의견에 최대한 격려를 해 주기도 합니다. 과학 연구기관은 관련 주제에 관한 기존의 견해와 맞지 않으면 그것을 엄격하게 게재를 금하기도 하지만, 동시에 기존의 수용된 견해를 과감하게 수정한다는 생각에 최고의 경의를 표하도록 작동합니다.

이러한 명백한 자기모순은 우리가 외부 세계에 관한 지식에 깔린 형이상학적 근거 위에서 해소됩니다. 고체를 관찰하면 고체의 이면과 숨겨진 내적 요인 모두를 알 수 있으며, 어떤 사람을

---

* (역자 주) 열정리 이론을 주장한 학자. 그의 이론을 네른스트열정리Nernst heat theorem 이론이라고 하기도 한다.
** (역자 주) 에너지등분배론equipartition of energy: 운동에너지는 열평형 상태에 있는 계통에서는 각 자유도가 같다는 정리.

관찰하면 그의 정신과 신체에 숨겨진 무제한 작용하는 것을 알 수 있습니다. 지각이 이와 같이 무한정 깊이 파고들 수 있는 것은 우리가 지각하는 것이 실재reality의 일면, 즉 실재의 측면들은 이제까지 알려지지 않았던, 그리고 아마도 아직 생각할 수도 없었던 경험에 대한 단서들을 제공하기 때문입니다. 기존 과학적 사고의 체계가 새로운 것에 창의적인 과학자에게 상당한 의미를 제공합니다. 과학자는 과학적 사고체계 속에서 새롭고 전도유망한 문제들이 고갈되지 않고 지속되는 원천을 제공해 주는 실재의 일면을 파악하게 됩니다. 그리고 과학자는 자신의 일을 통하여 이를 입증합니다. 내가 첫 번째 강의에서 말했던 것처럼, 과학은 끊임없이 실재의 본질적 측면을 통찰하게 해 주는 생산적인 활동입니다.

이러한 과학관은 모든 과학자들이 믿는 바와 같이, 과학이 우리에게 실재의 한 단면을 보여주며, 그에 따라 미래에도 끊임없이 실재에 담겨진 진실을 무궁무진하게, 그리고 때로는 놀랄 만하게 탐구하는 활동임을 보여줄 것입니다. 오직 이러한 신념을 지닐 때에 과학자는 문제를 파악하고, 탐구에 몰입하고, 발견해내려고 합니다. 그리고 이러한 믿음은 과학자가 학생들을 가르치고 일반대중에 대해 자신의 권위를 행사하는 기반이 됩니다. 이러한 믿음이 세대를 이어 전수됨으로써 과학자들은 자신의 스승들이 가르쳤던 내용과 반대로 자신의 학생을 가르칠 수 있을 만큼 독립적 기반을 확보하게 됩니다.

새로운 사실의 발견은 기존 사실에 대한 관심을 바꾸게 할지 모릅니다. 지적 기준 자체가 변화할 수 있는 것입니다. 보어Bohr

의 원자구조 이론은 분광학spectroscopy의 관심을 확 바꾸어 놓았으며, 이렇게 바뀐 새로운 국면은 또한 과학적 아름다움의 기준을 변화시키는 데 작용했습니다. 플랑크의 양자이론 발견만큼 수리물리학에서 지적 만족의 질적인 변화를 가져다준 성취는 없습니다. 이러한 변화는 변화를 통해서 사물의 본질을 보다 깊이 있게 이해할 수 있다는 신념에 따라 수 세기 동안 이어져 왔습니다. 이는 과학적 가치가 추구할 만하다는 믿음을 드러내는 것입니다. 이러한 믿음을 견지해야만 과학자는 과학적 가치를 고양할 수 있는 자신의 탐구를 수행해 갈 수 있습니다. 그리고 오직 이러한 확신을 가질 때만 과학자는 보편적 가치에 부합하는 새로운 기준을 마련하는 작업에 착수할 수 있습니다. 이러한 것을 바탕으로 할 때 과학자는 비로소 자신의 학생들이 기존의 과학적 가치를 존중하도록 가르치고, 나아가서는 언젠가 학생들 자신의 관점에서 이러한 가치를 통찰하여 이를 스스로 심화시키도록 북돋아줄 수 있습니다.

그러나 과학적 절차가 잘 정립되어 있다고 해서 그것이 그대로 정당화되는 것은 아닙니다. 내가 주장하는 것처럼, 과학자들이 지니는 형이상학적 신념이 필연적으로 엄격한 도야를 요구하고 과학의 창의성을 배양한다고 믿는다면, 나는 이러한 신념들이 진실이라고 주장할 수밖에 없습니다. 나는 지금 그렇게 주장합니다. 그렇다고 내가 사물의 본질에 대하여 과학자들이 주장하는 모든 신념들을 공유한다는 것을 의미하지 않습니다. 반대로, 나는 연구를 통하여 과학 전반에 관한 폭넓게 수용되어왔던 견해들, 특히 심리학과 사회학에 대한 견해와 의견을 달리한다고 주장하였습니다. 하지만 그렇다고 이것이 과학적 진리의 외적 기준에 대한 나의 신념에 영향을 주지 않습니다.

이러한 형이상학적 신념들은 일반 대중은 두말할 것도 없고, 과학자들에 의해 오늘날 명시적으로 공인된 것은 아닙니다. 현대 과학은 실증적 경험에 기반한 주장이며 제일 원리로부터 도출되는 형이상학에 기반한 주장이 아닙니다. 과학적 사실과 가치가 아직 드러나지 않는 실재에 영향을 미친다는 신념에 입각하여 과학이 규율과 창의성을 가진다는 나의 주장은 과학적 지식에 관한 오늘날 철학적 입장과 상반됩니다.

✳ ✳ ✳

나는 다음 몇 가지 궁금한 문제에 답하고자 합니다. 과학 연구는 지구상 도처에서 수천 명의 과학자가 각각 자신이 맡은 작은 분야에서 독자적으로 연구를 수행하고 있습니다. 즉 서로의 연구를 각각 모른 채로 광범위하게 수행한 탐구의 결과들이 어떻게 과학 체계 속에서 통일을 유지하게 되는가 하는 문제, 그리고 수천 명의 과학자들이 과학의 매우 작은 파편적 지식을 상세하게 지니면서, 엄청나게 상이한 과학의 전 영역에 있어서 동등한 기준을 서로 간에 어떻게 유지할 수 있을까 하는 문제입니다.

오늘날 과학 체계는 과거의 낡은 과학 체계가 진보의 기회를 제공했던 수많은 논점을 독자적으로 발전시켜 이르게 된 불과 한 세대 전의 과학 체계로부터 성장한 것입니다. 과학적 지식이 상이한 분야로 확산되어, 과학자들은 다양한 관점을 상호 주시하면서 각 분야별 관점을 발전시켰습니다. 각 분야의 과학자는 다양한 관점을 가진 다른 과학자들의 연구 결과를 공부했고, 또한 그중에 자신이 지닌 뛰어난 재능을 가장 잘 활용할 선택지가 있을지를 고민하였습니다. 이러한 절차를 통해서 과학 전체적으로 볼 때 실제적으로 엄청난 진보가 이루어졌으며, 과학 발전이 연속적으로 이루어지도록 하는 과학 체계를 구축하게 되었습니다. 이러한 것이 상호 적응에 의한 과학의 자기 조절 작업입니다.

과학의 모든 제도적 장치는 잠재적으로 꾸준히 발전할 과학 분야가 있으며, 개별 과학자들이 이를 제각기 주도적으로 이끌어갈 태세가 갖추어져 있어야 한다는 점을 전제해야 과학이 발전하고 확산할 수 있습니다. 과학자들이 일생동안 연구에만 전념하도록 하고 여타의 문제는 이 목적에 부수되는 것으로 여기고 헌신할 수 있는 것은 이러한 신념에 근거합니다. 많은 값비싼 연구시설과 다양한 실험 장비, 학술지 등은 이러한 신념에 근거해 구비되어 운영됩니다. 이는 과학 공동체에 입문하는 신참 과학자가 과학자가 되는 과정에서 수용해야 하는 가장 일반적으로 여겨지는 전통적 신념입니다.

이것은 보다 복잡한 또 다른 문제를 제기합니다. 과학이 체계적 지식으로서 확실하게 간주되고 과학의 모든 분과가 과학적 장점을 지녔다는 동일한 기준에서 평가되어도 좋을 만큼 충분히 신뢰하면서 몰두해도 좋다는 것을 어떻게 가정할 수 있을까요? 그리고 새로운 이론이 기존의 이론과 마찬가지로 동일 기준에 의거하여 모든 영역에서 그 타당성이 수용될 수 있고, 동일 기준에 의하여 과학적 아름다움과 창의성이 과연 인정될 수 있을까도 문제입니다. 새로 제시된 이론들이 상이한 영역에서 본질적으로 동등한 기준에 의해 수용되지 않는다면, 그것은 자원의 엄청난 낭비가 수반하는 꼴입니다. 이러한 곤란한 일이 현재 낮은 수준에서 수행된 연구 결과를 높은 수준의 연구에 적용하는 문제를 해결할 수 있을까요?

예를 들어 천문학과 의학처럼 상이한 영역에서 이뤄지는 한계적 기여만으로 복잡한 과학적 가치를 서로 비교한다는 것은 불가능해 보입니다. 그러나 나는 실상 이것이 이론상 가능하며, 적어도 실제적 차원에서 합리적으로 접근이 가능하다고 믿습니다. 사실 다양한 분야에서 확인되는 것이지만, 이제까지 다루어진 적이 없는 원리를 하나 제시하고자 합니다. 나는 이를 **상호 견제 원리**principle of mutual control라고 하겠습니다.* 이 원리는 현재 입장에서 보면 과학자들이 서로를 감시한다는 단순한 사실로 성립합니다. 개별 과학자는 모든 이들에게 비판받는 것을 당연히 여기기도 하지만, 그들로부터 인정을 받아 고무되기도 합니다. 이것이 **과학적 여론**scientific opinion이 형성되는 방법입니다. 과학적 여론은 과학의 기준을 강화하고 전문적 기회가 적절하게 분배되도록 규정합니다. 밀접하게 관련된 분야의 동료 과학자들만이 서로에게 직접적으로 권위를 행사하는 것만은 분명합니다. 그러나 그들의 개별 전공 분야는 과학 전체에 걸쳐

---

* (역자 주) 'principle of mutual control'은 평이하게 보자면 '상호 통제 원리'가 적합한 번역어이다. 하지만 폴라니가 과학자 개인의 암묵적 영역과 자유로운 발상을 강조한 것만큼 과학자들 상호 간의 검증이 필요하다는 점을 강조한 이 용어를 '한계 통제 원리'와 구분하기 위하여 '상호 견제 원리'로 번역하였다.

연결되어 있기 때문에 상호 중첩되는 이웃 띠chains of overlapping neighborhood를 형성하게 됩니다. 타당성과 가치에 관한 과학적 기준이 모든 과학에 걸쳐 과학 분야 각각을 동등하게 유지하게 하는 단일 기준이라는 점에서 동일할 것이라고 말할 수 있습니다. 심지어 무관하리만큼 분리된 과학의 분과들도 서로의 결과에 상호 의존할 것이며, 비전문가들이 자신들의 과학적 권위에 심각하게 도전하는 데 대응하여 상호간의 지지를 보낼 것입니다.

이러한 상호 견제는 과학자들이 상대방의 주제의 윤곽이나마 희미하게 이해할 수밖에 없을지라도 자신들 상호간에 중재된 합의를 도출하게 됩니다. 물론 이는 나 자신에게도 적용됩니다. 상호 적응과 상호 권위의 작동에 관하여 여기서 언급한 모든 것은 내 전공 분야에서 상호 소통된 양상을 토대로 한 것이며, 이것이 똑같이 적용된다고 가정하는 나 자신의 개인적 신념에 근거하고 있습니다.*

상호 견제는 과학의 광대한 영역 중에서 과학 공동체의 특정 지점에 과학자들이 관심을 집중할 때 이루어집니다. 과학자들은 기존 상호 견제 체제에서 자신의 역할을 수행함과 동시에 상호 조정이라는 또 다른 역할을 수행함으로써 탐구에 착수합니다.

---

* (원저자 주) 나는 상호적 권위가 또한 다른 문화 영역에도 어떻게 적용되는 가를 잠시 언급하겠습니다. 나는 이것이 당사자가 관여하는 작은 일부에 토대를 두고 활동이 확장되도록 합의가 이루어진다고 생각합니다. 이는 금전적 관점에서 평가될 수 없는 자원의 합리적 배분 방식을 보여줍니다. 집단 이익에 투여된 공적 경비의 모든 경우는 이에 해당합니다. 한 과학자 개인이 전체성과 중 어느 부분에 기여했는지를 정확하게 파악할 수 없을지 라도 수많은 정부 부처 투자가 상당히 합리적으로 진행된다고 여겨지는 것은 이 때문입니다.

과학적 탐구는 기존의 통용되는 기준들이 본질적으로 사실이며 상호 공유한다는 믿음에서 이루어집니다. 신참 과학자들은 많은 경험 없어도 상호 견제와 같은 기존 체제에 배태된 전통을 신뢰하게 되며, 반대로 이러한 전통을 재해석하고 전통의 개혁이 가능하다는 독자적 입장도 동시에 취하게 됩니다.

과학 공동체는 몇 가지 위계 요소를 지닙니다. 하지만 이 위계가 과학자 개개인의 상호 견제에 따라 성립하는 그들 나름의 과학적 견해가 또 하나의 권위로 존중된다는 사실과 상충하지 않습니다. 우리가 과학에 관하여 언급하면서 과학의 진보, 과학의 역사 그리고 과학의 기준을 놓고 "과학적"이라고 인정할 경우, 우리가 "과학"이라고 하는 것은 개별 과학자가 탐구해낸 분절화된 지식 이상의 것을 지칭하는 것이 아닙니다. 우리는 과학의 전통이 경험을 초월한 실재를 파악하는 과정에서 갱신된다는 것을 보아 왔습니다. 이와 마찬가지로 개별 과학자가 자신의 경험을 훨씬 넘어선 이웃한 과학적 지식을 통하여 과학 전체에 영향을 미친다는 것을 알 수 있습니다. 이것이 동료 과학자가 자신의 연구를 보고 검증하듯이, 자신의 관점에서 같은 방식으로 동료 과학자의 연구를 검증하여 과학의 기준을 간접적으로 통제해 가는 방식입니다.

과학자들 간의 상호 비판은 실제로 일어나는 난타전이며 경우에 따라서 죽기 살기식 투쟁이기도, 치명적이기도 합니다. 하지만 이로 인하여 과학적 타당성과 과학적 관점이 새롭게 수립되고 나아가서는 확정되기도 합니다. 이 상호비판이 한 분야에서 시작될지 몰라도 점차적으로는 다른 모든 영역으로 확산됩니다.

이것이 과학이 부단히 새로운 모습을 갖추면서도 과학의 각 분야에서 일관성이 유지하게 되는 비결입니다. 나 자신과 관련지어 보면 기존 심리학과 사회학 방법에 이의를 제기함으로써 현재 난관에 직면해 있습니다. 하지만 나는 일관된 사고체계로서 과학의 존재 자체에 도전한 것이 아닙니다. 다만 나는 과학의 특정 측면에서 개혁이 있어야 한다는 점을 주장할 뿐입니다.

＊　＊　＊

우리는 과학자가 문제를 지각하여 과학적으로 밝혀져야만 한다고 여겨지는 숨겨진 실재를 탐구한다는 것을 잘 알고 있습니다. 여기에다가 나는 과학적 창의성이 어떻게 과학적 전통에서 비롯될 수 있으며 동시에 그것을 능가하게 되는가를 논증했습니다. 그리고 나는 이러한 일련의 과정이 과학자의 탐구에 과학자 개인의 책임감이 어째서 요구되는가를 보여준다고 믿습니다.

당대 통념을 넘어서 과학적 발견이 최전선에서 이루어지는 과학적 진보를 파악하는 두 가지 방식이 있습니다. 우리는 과학적 진보가 과학적 탐구 경로를 따라 그저 재능 있는 사람들이 마음을 키워가는 사고의 성장이라고 간주할 수도 있습니다. 동시적으로 이루어지는 과학적 발견이 빈번한 것은 이러한 측면을 입증하는 것처럼 보입니다. 자연에 대한 우리의 생각을 근본적으로 바꿔버린 중요한 발견들이 상이한 장소에서 다수의 과학자들에 의해 동시적으로 이루어졌기 때문입니다. 양자역학은 당시 관련 문제에 관한 해법이 상호 양립 불가능했다고 생각했던 독자적인 세 명의 학자에 의해 1925년 발견되었습니다. 이렇게 보면, 과학적 사고의 새로운 성장은 모두 결정론적인 것으로 보입니다. 이러한 발견들을 이끌어낸 과학자의 마음이란 단지 새로운 아이디어 증식을 위해 적당한 토양을 제공하는 기제처럼 보입니다.

하지만 사건에 앞서 사태를 전망한다는 점에서, 발견이라는 행위는 개인적이고 쉽게 규정하기 어려운 것임을 알 수 있습니다. 발견 행위는 문제에 숨겨진 모종의 단서를 제공해 줄지도 모를 여기저기 흩어진 이런저런 것들을 나름대로 파악하는 과학자의 고독한 암시와 함께 시작됩니다. 아직 밝혀지지 않은 일관된 전체에 담긴 흩어진 조각처럼 보이지만 이에 대한 잠정적 견해를 갖게 되면 과학자는 개인적으로 몰입하게 됩니다. 우리에게 의심을 제기하지 않는 문제는 전혀 아무런 문젯거리가 될 수 없으며, 거기에 의문을 품게 하는 어떠한 요인도 없다면 탐구 문제는 존재하지 않을 것입니다. 우리에게 이처럼 박차를 가하고 우리를 몰입으로 이끌어가는 것은 어느 누구도 언어로 표현할 수 없는 것이며, 결정적으로 내용을 명시적 언어로 정의할 수 없는 잠정적인 것이며, 이 점에서 엄격하게 개인적인 것입니다. 규명되어야 할 것은 어떤 규칙을 주어진 사실에 적용함으로써 얻어지는 것이 아니기 때문에, 실제로 이러한 과정을 통하여 성취되는 것이 발견이라고 할 수 있습니다. 위대한 과학적 발견이란 모든 가능한 사고를 동원하여 알려지지 않은 미지의 바다를 가로지르는 대담한 능력에 주어지는 찬사입니다.

그 결과 인간의 사고를 두뇌의 수동적 토양 증식에 사용하는 것으로 보는 퇴영적 방식은 허위로 판명됩니다. 그러나 이 방식은 과학적 탐구에 있어 한 측면을 나타내기도 합니다. 과학적 진보를 사후 관점에서 보면 발견은 문제에 이미 숨겨진 희미한 여러 가능성을 재현한 것이라고 볼 수도 있습니다. 이는 상이한 관점을 지닌 과학자들이 종종 그것을 상이한 단서를 통해서 암시를 받고 상이한 용어를 통하여 독자적으로 문제를 발견해가는 독특한 잠재 가능성을 설명해 줄 수도 있습니다.

과학자들은 자신의 마음에 우연히 떠오르는 모든 것을 포착하려고 애씀으로써 발견의 단서를 잡게 된다는 것이 중론이라는 점에 주목해야만 합니다. 이는 밝혀지지 않은 진실을 파악하기 위한 인간의 예견력을 하나의 능력으로 확증하지 못하는 데에서 비롯됩니다. 과학자들의 짐작과 육감은 과학적 탐구의 원동력과 지침이 됩니다. 전망이 매력적이면 그만큼 위험이 따르는 것처럼, 과학자들의 짐작과 육감도 마찬가지입니다. 짐작이 빗나감에 따라 탕진된 시간과 경비, 과학자의 명성과 자존감은 곧 과학자의 용기를 소진하고 입지를 약화할 것입니다. 과학자가 시도하는 암중모색은 중대한 해결 방법입니다.

과학적 탐구 과정은 이와 같은 과학자 개인의 책임 있는 선택에 달려 있습니다. 그 선택은 과학자 자신에 의해 만들어진 것입니다. 과학자가 추구하는 바는 과학자가 자의적으로 만들어낸 것이 아닙니다. 과학자의 행위는 자신이 밝히려고 탐색하는 숨겨진 실재에 대한 판단 여부에 따라 평가됩니다. 과학자가 지닌 비전과 몰입, 그리고 발견을 꼭 해야겠다는 확신은 처음부터 끝까지 전 과정에 걸쳐 실재를 파헤치겠다는 궁극적 목표에 대한 의무감으로 채워져 있습니다. 하지만 이렇게 강렬한 개인적 행위는 과학자 개인의 자의적인 의지가 아닙니다. 과학적 창의력이란 매 단계마다 마음속에 진리의 성장에 일조하겠다는 책임감의 지배를 받습니다. 과학적 자유는 그 책임감을 완벽하게 수행했을 때 얻어집니다.

듀이John Dewey가 지난 세기 말 주장했던 바와 같이, 많은 학자들은 우리가 알아가는 방식에 따라 지식을 생성한다는 사실을 알게 되었습니다. 이는 지식을 관찰자의 변덕에 따라 달리 파악하게 할 여지를 남깁니다. 그러나 과학적 지식의 추구는 과학자 자신이 기대하는 것을 검증하는 방법에 있어서 비인격적 요인들의 통제를 받게 됩니다. 물론 과학자의 탐구 행위들은 자신이 설정하고자 애쓰는 실재를 파악하는 방식이 작동하는 개인적 판단입니다. 하지만 이 개인적 요인도 진리의 외적 기준을 탐색하고 발견하는 조건을 충족시켜야 합니다.

과학자의 개인적 요인은 그것이 과학적 진리조건으로 수용될 수 없는 것과 같이 실증적으로 정당화될 수 없습니다. 과학적 주장을 줄이면 개인적 요인에 따른 손실을 만회할 수 있다고 기획되었습니다. 과학의 불확실성과 불확정성은 과학의 이 같은 측면으로 인한 것이었다고 강조되고 과장되어 왔습니다. 그러나 이는 논점에서 벗어나 있습니다. 개연성 있는probable 진술에 대한 확증이 개인적 판단에 따른 것이라 할 수 있음은 그 진술의 확실성certainty에 대한 확증이 개인적 판단에 따른 것이라고 하는 것과 다름 없습니다. 짐작에 의한 것이든 혹은 확실성을 가지고 주장되었든지 간에 그로 인하여 도출된 어떠한 결론도 그 결론을 이끌어낸 사람의 헌신적 노고에 의존하는 것입니다. 어느 누구도 그 결론을 도출해낸 사람 이상으로 책임 있게 판단할 수는 없습니다. 이것이 진리를 발견하고 진리라고 언급할 수 있는 조건입니다.

탐구를 통해 밖에 숨겨진 실재의 존재를 밝히려고 하는 과학자는 자신의 탐구를 만족시키는 연구 결과의 타당성을 입증하기 위한 외부 존재에 당연히 관심을 집중할 것입니다. 자신이 경주할 수 있는 노력이 극점에 달할 정도로 학문에 헌신하였기 때문에, 그는 다른 과학자들도 비슷한 조건에서 연구했다면 자신이 연구에 몰두했던 그 실상을 인식할 것이라고 기대합니다. 실재를 탐구하도록 자신을 이끈 자신의 명령에 따라 과학자는 자신의 연구 결과가 보편적으로 타당하다고 주장할 것입니다. 이것이 과학적 발견의 보편적 의도입니다.

나는 기존에 설정된 보편성established universality이 아니라 보편적 의도universal intent를 언급하고자 합니다. 왜냐하면 과학자는 자기주장의 진위 여부를 알 수 없기 때문입니다. 과학자들의 주장은 틀린 것으로 판명될지 모르며, 혹은 비록 진리라 하더라도 사람들이 그것을 믿도록 하는 데 실패할지도 모릅니다. 과학자는 자신의 이론이 수용할 수 없는 것으로 판명될 것을 감수해야 할지도 모르며, 심지어 어떤 경우에는 자신의 이론이 수용되었다고 해서 그것이 진리를 보장하지 않는다는 것을 예견할지도 모릅니다. 이론의 타당성을 주장하는 것은 단지 그 이론이 모든 사람에 의해 수용되어야만 한다고 선언하는 것입니다. 과학적 진리의 확증은 우리가 다른 여타의 가치를 모두 존중하는 보편적 차원에서 다른 가치와 공존해야만 가능하다는 강제적 성격을 지닙니다.

탐구 문제를 가지고서 발견에 이르도록 자극과 방향감을 제공하는 육감과 비전에 빠지게 하는 일종의 흥분상태에 대해 말한 적이 있습니다. 그러나 과학은 감정에 지배되지 않는 냉정한 것이어야 한다고 기대합니다. 실제로 오늘날 감정지배를 받아선 안 된다는 생각이 이상화되어 과학자가 자신이 추측한 연구 결과에 냉담해져야 하고 심지어 스스로가 이를 반박해야 한다고 여겨집니다.[1]이 이는 과학 현실에 정면으로 배치될 뿐만 아니라 논리적으로도 수긍하기 어렵습니다. 과학자가 연구 과정 중에 추측한 내용들은 과학적 발견을 추구하는 상상력에서 비롯된 것입니다. 이러한 노력은 비록 실패의 위험을 감수할 수 있을지 모르나 결코 실패를 자초하려는 것이 아닙니다. 사실 성공을 갈망하는 과학자의 마음이 스스로 위험을 감수하도록 만듭니다. 이것 말고는 과학자가 위험을 감수하는 것을 설명할 다른 방도가 없습니다. 법정에서도 소송에 이기기 위하여 정반대 입장에 선 두 명의 변호사가 의뢰인을 변호하려고 열정적으로 헌신하는 것은 각기 지지 증거를 찾아내기 위하여 자신의 상상력을 동원했기 때문에 가능합니다.

상상력을 통하여 나오는 창의성의 위력은 다양합니다. 기대했던 것이 발견되었을 때 아름다움과 그것을 고독하게 성취했을 때 흥분을 무엇보다도 먼저 거론할 수 있습니다. 과학자가 전문적 성과를 추구하여 과학적 여론이 자신의 성과를 온전하게 평가한다면, 과학자의 발견에 대한 열망은 더없이 상승할 것입니다.

과학자가 새롭게 탐구한 결과에 책임져야 할 부분은 과학자 자신이 추진하는 탐구의 토대를 제공하는 정보의 바다에 의존하게 됩니다. 과학자 스스로가 선택한 분야를 자신의 "소명"이라고 간주하는 것은 자신이 추구하는 연구 분야의 엄청난 정보에 불굴의 신념을 가지고 헌신해야 한다고 생각하기 때문입니다. 하지만 개별 과학자의 소명은 이와 다른 환경에 처합니다. 이들은 자신이 감당할 수 있는 것보다 더 크거나 어렵지 않은 과제를 선정하기 위해 노력해야 합니다. 비교적 용이하다고 여겨졌던 과제인데도 자신의 역량이 충분히 발휘되지 않을 수 있으며, 난해하다고 간주했던 과제에 자신의 역량이 낭비될 수도 있기 때문입니다. 특정 과학자가 자신이 지녔다고 여기는 창의성의 정도는 결국 자신이 모험심으로 감행하려는 일의 범위를 결정하게 되며, 또한 자신이 망설임 없이 수용해야 할 탐구의 범위도 결정하게 됩니다. 명장名匠은 자신의 한계로 인해 자신을 입증한다는 괴테Goethe의 말은 과학자에게도 동일하게 적용됩니다.

* * *

과학적 발견에 관한 나의 주장은 실존적 선택으로 설명됩니다. 과학자는 애초 문제의 부수적인 요인에 몰입함으로써 발견을 추구하기 시작하며 일이 진전됨에 따라 확보한 단서에 자신을 계속적으로 몰입시킴으로써 과학적 실체의 한 측면을 발견하게 됩니다. 이러한 실존적 선택은 새로운 실체를 창조하며, 그 실체는 다른 실체를 자신의 이미지 안에 넣어 변형시키게 합니다. 이 점에 비추어도 "실존은 본질을 앞선다"는 말은 우리가 수립하고자 하는 진리에 앞서 실존이 성립함을 의미합니다.

그러나 이것이 "인간이 자기 자신이 모든 가치들을 지어내는 창시자"임을 보여준다고 할 수 있을까요? 만약 과학에서 창의성이 실존적 선택의 사례로 받아들여진다고 해도, 니체와 사르트르의 실존적 주장을 여기에 적용하는 것은 잘못된 것으로 보입니다. 과학의 가장 대담한 혁신은 과학자가 자신이 다루고자 하는 문제의 배경을 뒷받침하기 위해 수용하는 엄청난 양의 정보에서 비롯됩니다. 과학적 가치 기준의 수정이 필요할 때조차, 과학자들은 현재 통용되는 기준에 기초하여 혁신을 도모합니다. 과학자 자신이 전혀 알지 못하는 수천 명의 동료 과학자들이 개입하여 인증한 것만을 과학자는 과학으로 수용합니다.

　과학자는 스스로가 자신의 입장을 바꾸는 일련의 선택을 함으로써 과학적 탐구를 하게 됩니다. 이것이 과학자가 실존적 선택을 한다는 것을 의미할까요? 어떤 의미에서 보면 그렇습니다. 과학자는 지적 성장을 추구합니다. 그러나 과학자는 가만히 앉아서 기분 내키는 대로 새로운 실존 상황을 마주하지 않습니다. 과학자는 혼신을 다해 최상의 방책에 이를 길을 찾는 데에 최대한의 상상의 끈을 당깁니다. 그의 모든 실존적 선택은 자신이 장차 이룰 발견에 대한 반응으로 이루어지며, 자신의 정신적 실존 영역이 확장되도록 온갖 이해의 가능성을 감지하고 따르도록 구성되어 있습니다. 실존적 선택의 각 단계는 단계마다 요구되는 필요를 충족시켜야 하며, 과학자의 자유란 이에 지속적으로 봉사하는 것입니다.

　여기에는 삼라만상을 일괄하고 그 책임을 묻는 식의 실존적 선택은 없습니다. 이러한 실존적 선택의 경우 실존적 책임을

질 주체나 실존적 판단 기준을 찾을 수 없기 때문입니다. 그러나 실존주의자들이 주장하는 보편적 부당함의 근거에 대하여 책임을 물을 수 없다고 주장하는 것은 명백한 자기모순입니다.

정반대의 극단에서 보면, 스탈린 치하에서 가르친 과학 이론도 마찬가지로 잘못된 것입니다. 계급 없는 사회에서 모든 과학의 성과, 즉 코페르니쿠스, 뉴턴, 하비, 다윈 그리고 아인슈타인이 수행한 과학적 성과가 소련의 다음번 5개년 발전계획으로 이어져야 한다고 선언한 것은 우스꽝스럽기 짝이 없습니다.

그러나 이러한 교의는 소련에 심각한 결과를, 그리고 영국에 상당한 영향을 미치지 않을 수 없었습니다. 나는 금세기 동안 과학 개념을 지배해 온 엄격한 경험주의의 단점을 교훈 삼아 과학의 자유를 옹호하려고 노력하였습니다. 나는 경험주의 철학이 소련의 공산주의 과학 정책에 대해 과학을 무방비상태로 방치했음을 보았으며, 이는 나로 하여금 인간의 독창성이 지니는 내재적 위력을 설명할 수 있다는 형이상학적 기반을 갖도록 만들었습니다. 여기서 나는 과학에서 자유가 반드시 요구된다는 전제를 받아들였습니다.

그러나 과학에 변증법적 유물론을 도입한 것보다 더 끈질긴 것은 문학과 예술을 사회주의적 현실주의에 예속시킨 것이었습니다. 그 결과 진리, 도덕성, 정의의 개념도 공산당 충성심에 복속시켜 버렸습니다. 이러한 교의는 1932년 무렵 강화되더니 1956년 헝가리와 폴란드 혁명 이후 상당히 완화되었습니다. 이 교의들은 공산당에 절대적으로 예속된 인간의 근거 없는 허상들을 구현하려고 했던 것입니다.

나는 과학의 독립을 위한 견고한 기반을 제공함으로써 이러한 노선에서 과학을 떼어내려고 시도하였습니다. 이 작업은 이제 인간을 탐구하는 여타의 주요 원리에도 적용되어야 합니다. 여기서 나는 이 모든 것을 시도할 수 없습니다만 개략적으로나마 타영역에서 근대정신을 광범위하게 창의적으로 구축했던 과학의 토대를 그려볼까 합니다.

　　과학적 전통은 그 잠재적 실체가 있다는 믿음에서 비롯된 자기 혁신 역량을 통해 현재의 업적을 낳았으며, 다른 한편으로 미래의 과학적 발견의 가능성을 보여줍니다. 사고의 진보를 지향하는 어떤 전통도 이러한 의도를 지닙니다. 즉, 과학적 발견이 이루어진 경우 이 발견을 가져온 이론에 이의를 제기하면서 확정되지 않은 진리에 이르는 단계를 밟아가면서 현행 아이디어를 여전히 가르쳐야 한다는 것입니다. 이러한 전통은 숨겨진 진리의 탐구는 과학자의 마음속 암시에 의하여 고쳐지고, 사고가 그 자체로 내재적 힘을 가진다는 신념을 전수함으로써 후배 과학자들이 독자적으로 활동하는 것을 보장해 줍니다. 과학적 전통은 이처럼 반응할 수 있는 역량을 지닌 과학자 개개인을 존중합니다. 즉 다른 이들에게 보이지 않았던 문제를 보고, 이를 자신이 주도하여 탐구할 수 있는 존재로서 개인을 존중합니다. 이것이 역동적 자유사회에서 지적 생활이 가능한 형이상학적 근거입니다. 즉 자유사회는 지적인 삶을 보장하는 원칙들이 요구됩니다. 나는 이것을 탐구자의 세계라고 부르겠습니다.

　　탐구자의 세계에서 인간은 생각에 잠긴 존재입니다. 탐구자로서 인간은 수없이 많은 가능성을 지닌 문제를 인식하게 해주는 발견을 해야 하는 처지에 놓인 존재입니다. 우리는 지구상에 흩어져 있는 과학자들이 어떻게 광대한 잠재적 사고들이 하나의 장에서 일관되게 반응하는지, 또 과학자 개개인은 그것을 어떻게 자기 나름의 기호에 맞게 개발해 나가는지, 그리고 제각각의 탐구 결과들이 어떻게 과학적 이론 체계를 이루도록 스스로 협응해 가는지에 관하여 살펴보았습니다. 이것은 또한 과학 이외의 사고가 우리 시대에 어떻게 발전해왔는가를 보여주기도 합니다. 우리 시대는 유례없이 문학과 예술 활동이 활발하게 번성하였고 과학과 정합적으로 성장하였습니다. 계몽주의 사상은 과학주의와 낭만주의를 여러 가지 형태로 잉태하였습니다. 18세기 이래로 사법적, 사회적 개혁들은 무수하게 상호 관계된 방식으로 우리 삶의 인간화에 기여했습니다. 인간화 현상은 또한 절대적 회의주의와 완벽주의가 결합하여 금세기 소설, 시, 음악, 회화 영역에서 새로운 동향이 어떻게 탄생하였는가를 보여주었습니다. 그러나 동시에 이러한 동향이 압제와 잔인함을 동반한 현대의 모든 광신주의들을 몰고 올 이론들을 잉태했음을 부정할 수 없습니다.

탐구자의 세계에서 통용되는 권위의 구조는 교조적 사회에서 통용되는 것과는 다릅니다. 다시 한번 과학의 예를 들어보겠습니다. 나는 개별 과학자가 사실상 과학적 전통을 따르면서 독자적으로 탐구 활동을 수행하는 데서 발견되는 상호 견제의 원리에 대해 언급한 바 있습니다. 탐구자의 세계는 이처럼 서로가 서로에게 부여한 권위에 의해 일관되게 통제됩니다. 문학가와 예술가의 모임에서 행사되는 압력은 악명 높을 정도입니다. 그들도 과학적 견해가 과학을 위한 공공 승인을 받는 것처럼 공적 승인이라는 통제 방법을 받아들입니다. 그들의 전문적 의견도 과학적 의견이 그러하듯이 비전문가의 동의를 구해야 합니다. 물론 여기에 차이점도 있습니다. 즉 전해 듣는 간접적 권위는 과학보다 문학과 예술에서 훨씬 더 인정받기 어려우며, 상반된 견해로 인한 골도 더 깊습니다. 우리 사회에서 도덕성에 대한 생각은 상이한 집단에 의해 상호 평가되어 설정되지만, 결과적으로 심각하게 양분되기 마련입니다. 그리고 정치에서 이러한 양상은 불가피하게 정적을 만들어내는 결과를 가져옵니다.

그러나 우리는 이러한 모든 변이 때문에 난감해 할 필요가 없습니다. 이러한 변이들은 인간의 사고가 내적 역량을 효과적으로 배양하는가를 입증하는 검증체제에 의해 걸러집니다. 이러한 여과 과정 때문에, 오늘날 전체주의 통치자들은 상호 예찬이나 하는 도당 수준을 능가하는 전문가 조직을 두려워하고 혐오하는 것입니다. 인간이 어떤 부당한 권력도 행사할 수 없는 사고체제 속에 살 수 있다는 신념 때문에 통치자들은 전문가 조직을 두려워합니다. 통치자들에게 자유롭고 다양한 조직들이 과학자들의 조직보다도 더 두려움의 대상이 되는 이유는 문학과 시, 역사와 정치적 사고, 철학과 도덕성 그리고 사법적 원리가 추구하는 것이 과학적 진리보다 더 중대하기 때문입니다. 이러한 사실은 바로 진리를 독자적으로 탐구할 수 있는 토양이 오늘날 독재자들에게 견딜 수 없는 위협이 되는 사유임을 입증해 줍니다.

이제 나는 과학적 진리를 추구하는 밑바탕에는 과학 이외의 다른 분야의 활동을 고양하는 기본 원리가 포함된다는 점을 개괄하였습니다. 결과적으로 사고의 성장이 내재적으로 모든 분야에서 우리의 자의적인 자기 결정력을 어떻게 제한하는지를 면밀하게 확인할 수 있습니다. 자신의 소명 의식이 문학이나 예술 또는 도덕적 진보와 사회 개혁 등 어느 경우나, 심지어 혁명을 도모하려는 경우에도 자신의 소명의식에는 일말의 책임의식을 수반해야 합니다. 그것은 인간이 딛고 사는 세상을 변화하는 데 따르는 책임이기 때문입니다. 사고체제를 몽땅 갈아치워서 사회 전체를 변화시킬 수 있다는 완벽주의는 파괴를 자초하는 프로그램인 것이며, 기껏해야 진보를 자처하는 허세일 뿐입니다. 이와 마찬가지로 우리 자신이 선택하지 않은 모든 가치를 나쁜 신념으로 비난하는 실존주의적 경멸은 허황되거나 파괴적입니다.

자기 결정에 대한 절대적 요구와 완벽주의에 대한 요구를 파악하는 또 다른 방식이 있습니다. 나는 현실 세계는 수준에 따라 연속적으로 서로 관계되어 있다는 논리를 토대로 하여 완벽주의와 같은 해괴한 시도를 부정할 수 있습니다. 모든 상위 원리는 그 작동을 위해 불가피하게 하위 수준의 원리에 의존하며 이에 따라 그 작동 범위는 불가피하게 한계를 지니게 됩니다. 하지만 상위 원리가 하위 수준의 조건으로 다시 환원되지 않습니다. 이러한 논증을 통하여 우리의 생각이 내재적 힘을 갖는다는 주장에 의문을 제기하는 작금의 문화적 추세를 반박할 수 있습니다. 심리학적, 사회학적 분석을 통해서도, 역사적 결정주의에 의해서도, 기계론적 유형 혹은 심지어 컴퓨터에 의해 잘못 설명될 위험이 없는, 우리 마음을 지배하는 유일한 상위 원리는 존재하지 않습니다. 그러나 이와 같이 광범위한 수준에서 벌어진 이 논쟁은 여기서 끝나는 것이 아닙니다.

그럼에도 불구하고 나는 이러한 맥락에서 극단적 회의주의와 극단적 완벽주의를 결합하여 만들어낸 인간의 최고 이상에 대하여 말하지 않을 수 없습니다. 나는 무제한적 자기 결정에 따른 자기 파괴로부터 안전하게 도덕적 원리를 지킬 수 있는 여지를 마련할 수 있다고 제안한 바 있기 때문입니다. 사회적 완벽주의와 도덕적 완벽주의의 요구를 받아들이더라도, 현실 세계의 실체가 연속적 수준에서 존재한다는 것을 인정하면 됩니다. 권력과 이익을 추구하는 조직체인 사회가 설정하는 수준에 비하여, 그에 상응하는 도덕 원리는 그보다 높은 수준을 설정합니다. 상위 수준은 하위 수준에 뿌리를 두고 있습니다. 도덕적 진보는 권력이 온전하게 행사되고 물질적 번영을 지향하는 사회를 위하여 봉사하는 도구로서 성취될 수 있습니다. 우리는 어떠한 도덕적 진보라 하더라도 그것을 도모하는 사회적 작동 장치에 의하여 반드시 오염되고야 만다는 사실을 수긍해야 합니다. 따라서 사회에서 절대적 도덕성을 감행하려는 어떠한 시도도 단지 조악하기 이를 데 없는 폭력을 야기하는 환상에 빠지게 합니다.

위태롭고 혹독한 도덕적 광란으로부터 균형감 있는 마음을 보호해야 하는 문제는 전례 없이 긴급한 문제로 부상하였습니다. 스탈린 사후 소비에트제국에서 발생한 해방 운동, 즉 헝가리, 폴란드에서 발생하여 궁극적으로 러시아에 다시 흘러들어가 선도적인 젊은 공산주의자들의 저항으로 확대된 운동을 통하여 그 긴박함을 알 수 있습니다. 여기서 문제는 이러한 격변이 자유사상을 탄생시키는 진지한 사회 운동으로 확산될 수 있는가 여부입니다. 1956년 혁명 참여 이후 영국에 망명한 나의 헝가리 친구들의 말을 들어보건대, 열렬한 스탈린주의자였던 당시의 자신들의 주장과 그 이후 그들이 겪은 심정의 변화를 알게 되었을 때, 나는 그들의 희망이 19세기 말에 태동했던 자유사상과 성격이 기본적으로 같은 것임을 발견하였습니다. 그것은 헝가리에서 내가 유년기에 가지고 있었던 희망과 같습니다. 그러나 이러한 급진적인 이상에 빠졌던 나의 순수함은 이내 회복될 수 없었습니다. 자유주의 전통의 부활은 완벽주의가 새로운 자기 반성을 수반해야 한다는 조건에서 우리가 자유주의를 이해할 새로운 틀을 설정할 수 있을 때만 보장됩니다.

* * *

이를 염두에 두고, 시대적 요구에 부응하여 개발하려 한 과학적 아이디어들을 정연하게 손질할 수 있도록 몇 가지 보태도록 하겠습니다.

나는 인간이 어떤 문제와 직면할 때 어떻게 책임 있는 판단을 내리는지를 입증하였습니다. 여러 가지 해결책을 두루 찾는 가운데 자신의 결정이 필연적으로 확정적이지 못할 수밖에 없는 것은 미해결된 문제의 해결책이 확정적이지 못하다는 의미에서 수긍할 수 있는 것입니다. 하지만 자신이 내린 결정은 또한 자신이 다루는 문제에 이미 담겨져 있다고 여기는 해법을 모색해야 하는 의무 이행의 책임을 짊어져야 합니다. 나는 이것이 숨겨진 실체를 찾을 수 있다는 확신과 그에 따른 헌신, 과학적 진리를 예시할 수 있는 지식을 수립하는 데 따르는 헌신임을 언급하였습니다. 책임감과 진리는 실상 이러한 헌신의 두 가지 양상입니다. 판단행위가 개인의 주관적 축에 속한다면, 개인이 헌신적으로 탐구하여 밝혀낸 독립된 실체는 외부에 객관적 축에 속합니다.

이러한 문제는 암묵적으로만 파악되기 때문에, 우리의 지식은 암묵적 앎의 타당성을 수용할 수 있을 때만 타당한 것으로 인식할 수 있으며, 실체를 파악하고자 하는 진리 추구에도 똑같이 적용됩니다. 따라서 암묵적 앎의 타당성을 확고하게 하는 것이 중요합니다. 그러나 우리는 여전히 어떤 문제를 파악하고 그것을 해결하려는 인간 능력에 대한 진화론적 선례를 고려해야만 합니다. 나는 문제 해결 과정의 선례를 발현emergence의 과정과 동일시하였습니다. 그러므로 만약 책임 있는 결정이 문제 해결 과정에 늘 따르는 것이라면, 그 결정력은 진화적 혁신을 통하여 나타나는 발현의 과정에 내재되어 있다는 사실을 결국 발견하게 될 것입니다.

이러한 추론은 확증할 만한 필연적 증거는 없지만, 이러한 추론이 사실상 과학적 탐구에 맞지 않는 것으로 간주하는 과학자들을 신뢰하는 우리의 소심함에 나는 더 섬뜩해집니다.

나는 무생물을 명백하게 설명하는 자연과학의 법칙이 생물체 발생을 설명하는 데 실패한 두 가지 측면을 언급한 바 있습니다. (1) 자연과학의 법칙은 무생물의 세계에서는 명백하게 설명되지 않는 작동 원리에 입각하여 설명되는 생물체의 경계조건boundary conditions을 다루지 못합니다. (2) 자연과학의 법칙은 고등 동물의 특징을 파악하는 데 결정적인 생물체의 감응 특성을 다루지 못합니다. 이 두 가지 결함이 오히려 생물체를 제대로 설명하기 위해 무생물의 본성을 설명하는 데에 보태져야 할 유일한 원리라고 하는 것이 더 타당해 보입니다. 나는 물론 이러한 가정을 암묵적 앎과 발현을 동일시함으로써 설명한 바 있습니다.

놓쳐버린 설명 원리를 보다 세밀하게 정의하고자 한다면 관점을 물리학으로부터 인간의 마음속에서 사고가 성장하는 과정으로 접근해 보는 것이 좋을 수 있습니다. 무생물의 본성은 물질이 보다 안정적으로 구성되도록 작용하는 힘에 의해 통제됩니다. 이는 역학 및 열역학에서도 똑같이 적용되는 사실이며, 또한 광채나 유체와 같이 개방된 물질 체계에도 똑같이 적용됩니다. 잠재적으로 보다 안정적인 방향으로 생성된 힘들은, 촉매 방출제에 의해 가려질지 모르지만, 다양한 종류의 마찰에 의해 확인될 수 있습니다. 폭발은 단일 분자의 자발적 분해에 의해 촉발되어질 수 있습니다. 양자역학은 단지 개연성에 따른 통제로만 설명되기 때문에, 원인 없는 원인uncaused cause이라는 개념을 설정하였습니다. 방사성 원자의 부정합은 원인 없는 원인에 의한 것인지 모릅니다. 이러한 무생물의 과정을 세 가지로 정리하겠습니다. (1) 우리는 보다 잠재적 안정성을 지향하는 충동을 확인할 수 있습니다. (2) 촉매제 혹은 마찰저항에 갇힌 힘의 우연적 방출자는 이러한 잠재성을 실현하도록 유도합니다. (3) 이러한 사건은 개연적 성향으로 설명할 수밖에 없는 원인 없이 일어나는 사건입니다.

이제 인간의 사고로 인하여 성취되는 획기적 방식에 주목해 보겠습니다. 이 과정도 역시 특정한 잠재성이 실현되는 것으로 묘사할 수 있습니다. 어떤 문제를 파악하고 그것을 연구 문제로 삼는 것은 접근 가능하다고 믿는 다양한 잠재 가능성들을 본다는 것입니다. 이러한 발견적heuristic 긴장은, 물리학에서 힘이 더 안정된 배열로 향함으로써 생성되는 것과 같은 이치로 민감한 마음에서 생성된다고 여겨집니다. 그러나 이러한 긴장은 심사숙고의 형태로 나타날 것입니다. 실상은 이미 마음에 상정해 두었던 해결 방식을 파악하려고 전력투구하는 반응입니다. 그것은 무모한 선택처럼 보이기도 하지만 항상 자신이 추구하는 연구 의도에 비추어 통제됩니다. 이러한 선택들은 양자역학의 원인 없는 원인과 닮아 있어서 늘 확정적이지 못한 요인을 남겨놓습니다. 그러나 여기서 의도적인 선택이 다음 세 가지 방식에서 무생물적 사건과 다르다는 점을 발견할 수 있습니다. (1) 의도적 선택을 촉발하고 이끌어내는 것은 보다 안정적인 배열 때문이 아니라 문제 해결 동기 때문입니다. (2) 발생은 마냥 자의적으로 이루어지는 것이 아니라 감춰진 특정한 잠재성을 실현하려는 노력에서 비롯됩니다. (3) 탐구자의 발견하려는 데서 촉발된 원인 없는 행위는 이러한 잠재된 특성을 찾아내고자 하는 상상력을 추동합니다.

지금까지 이와 같은 분석에 대하여 숙고되지 않은 측면이 많기 때문에 나는 이를 진화적 혁신의 과정으로 일반화해야 할 필요가 있다고 확고하게 믿습니다. 각 수준별로 연속적으로 작동한다는 나의 분석은 혁신이 암묵적 통합에 의해 성취된다는 가정을 필요로 합니다. 이 과정을 통해서만 궁극적으로 이르게 될 상위 수준에 안정적으로 접근할 수 있다는 가정은 나의 입장에서는 확고해 보입니다. 잠재적으로 상위 수준에 이를 수 있다는 긴장감은 우연에 의한 것이거나 혹은 제1원인의 작용에 의하여 행동을 촉발시킨 것처럼 여길지도 모릅니다. 더욱이 이것이 한편으로는 양자역학의 개념적 틀과 일치해 보이고 다른 한편으로는 창조적 방출이 잠재적인 어떤 것에 의해 통제되지만 문제 해결을 완전히 결정적으로 설명하지 않는다고 보는 개념적 틀과 일치합니다. 이러한 가정은 성공할 수도 있고 실패할 수도 있습니다. 그렇다면 이러한 종류의 독특한 비확정성을 의식 발생에 수반된다는 연속성의 기반 위에서 파악하는 것은 합리적인 것으로 보입니다.

당초에 나는 이 강연의 전체 제목을 '생각에 잠긴 인간Man in Thought'라고 하였습니다. 나는 인간의 삶과 사고가 논리적 상호 관련이 있으며, 이 상호 관련이 인간과 사고의 기원을 무생물 조상들에게까지 거슬러 올라가 추적하는 데까지 확장된다고 보았습니다. 나는 새로운 원리에 각기 상위 원리가 있다는 점을 소개하였습니다. 나는 여러분에게 충분히 만족할 만한 아이디어들을 보여주려는 유혹을 참을 수 없었지만 어느 부분에서 만족시켰는지 모릅니다. 그러나 실상은 내가 여러분에게 말한 모든 것이 상당히 단순한 관점을 제시한 것에 불과합니다. 태초에 인간이 탄생하게 된 세계의 일부분에 우리의 행위를 유발한 가능성의 장들이 채워진 것으로 보입니다. 따라서 무생물체에서 촉발된 행위는 다소 빈약해 보이고, 아마도 매우 무의미하게 보이기도 합니다. 그러나 죽은 물질, 사실은 나지도 않고 죽지도 않는 물질이 생물체의 탄생을 촉발시켰기 때문에 의미를 갖습니다. 이렇게 함으로써 한 치의 오차도 없는 우주에 어떤 위협

요소가 개입하는데, 그것은 바로 삶과 죽음의 위험입니다.

새롭게 생성되는 잠재적 의미의 영역은 너무나 풍부하여, 이러한 기획이라도 일단 시작되기만 하면, 실제로 10억 년 동안 끊임없이 그래 왔듯이, 무한정한 범위를 뛰어넘어 상위 의미를 향해 도약합니다. 거의 태초부터, 잠재된 의미에 대한 이러한 진화적 반응은 그것이 낳은 생물체의 행동을 그 상대역으로 삼아왔습니다. 심지어 원생동물조차 학습 능력을 가진 것으로 보입니다. 그들은 잠재된 의미에 반응하였습니다. 진화의 발생단계는 매 단계마다 더욱 복잡한 이해 능력을 지닌 보다 의미 있는 유기체들을 만들어냈습니다. 지난 몇 천 년 동안, 인간은 언어와 문자를 사용하는 문화 기제를 통해 암묵적 능력을 발휘하여 자신의 이해 능력을 엄청나게 증가시켜 왔습니다. 이러한 문화적 환경에 몰두하여 인간은 이제 월등히 증가된 잠재된 사고를 발휘하고 있습니다.

현 시대의 문제로 내가 흥미롭게 발견한 것은 잠재된 사고에 담겨진 인간다움의 이미지입니다. 이렇게 함으로써 인간은 자기 결정을 절대적으로 맹종하는 어리석음에서 벗어날 수 있으며, 우리들 각 개인은 자신의 소명에 따라 전문적으로 분절화된 영역 안에서나마 창조적 능력을 발휘할 기회를 제공받게 됩니다. 이것이 탐구자의 세계를 구성하는 원리와 형이상학적 기반을 제공해 줍니다.

그러나 이러한 해법이 충분히 만족스러운지 여전히 의문이 남아있습니다. 이를테면 이러한 해법이 지니는 제한점을 우리는 제대로 파악하고 있는가? 전문적으로 각기 분절화된 사회는 표류하고, 무책임하며, 이기적이며 분명 혼돈스러울 것이 틀림없어 보이지 않은가? 나는 자유사회가 자발적 자기조정 능력이 확립된 정합된 사회이며, 권위가 각 개인에게 동등하게 행사되도록 주어지며, 모든 과제가 외부 강압이 아닌 각자 자신에 의하여 설정되는 사회라는 점을 높이 평가해 왔습니다. 그러나 그 지향점은 모두 어디로 향하고 있는가? 그것은 아무도 모릅니다. 각 개인들이 추구하는 일들이 꾸준히 축적되면서 그것은 서서히 잊혀지기 때문입니다.

나는 우리가 이제까지 기울여온 독창적인 노력을 결국 유기체의 진화와 관련시키려 노력하였습니다. 의미 체계가 이와 같이 질서정연하게 생성되는 과정은 매우 고무적인 일입니다. 그러나 그 진화의 산물을 짧은 생존 기간에만 만족해야 하는 존재가 식물과 동물입니다. 그렇지만 인간은 영원을 추구하는 존재입니다. 진리도 영원하기를 바라며, 우리의 이상도 영원하기 바랍니다. 그러나 만약 우리가 명백하게 지닌 도덕적 약점과 그러한 약점이 작용하여 사회를 치명적 상태에 빠지도록 하는 데에도 불구하고 이에 만족할 수 있다면, 영원 추구는 대충 수용될 수 있을지도 모릅니다.

아마도 이 문제는 세속적 기반을 토대로 해서는 해결할 수 없을지도 모릅니다. 그러나 일단 종교적 신념이 세상의 불합리한 관점으로부터 우리를 벗어나게 할 수 있다면 종교적 해법은 또 다른 대안이 될 것이며, 그렇게 되면 종교적 반향에 따라 의미 있는 세계가 열릴 것입니다.

미주

[1] Lazarus, R. S., and McCleary, R. A., *Journal of Personality* (Vol. 18, 1979), p. 191, and *Psychological Review* (Vol. 58, 1951), p. 113. 이 연구 결과는 에릭슨의 다음 논문에서 의문이 제기되었습니다. Eriksen, C. W., *Psychological Review* (Vol. 63, 1956), p. 74. 그러나 라자루스가 다음 논문에서 자신의 입장을 옹호하였습니다. Lazarus, *Psychological Review* (Vol. 63, 1956), p. 343. 그러나 이후 논문(Psychological Review Vol. 67, 1960, p. 279)에서 에릭슨은 이 두 사람의 연구를 인정하였고, 그 결과 이들의 실험연구 결과를 '잠식'의 증거로 수용하였습니다. 나는 암묵적 앎의 기본 요소로 잠식을 들지 않을 수 없으며, 이는 양적 실험 결과로도 입증할 수 있습니다. 내가 보기에 잠식은 게슈탈트 심리학을 성립하는 기본적인 기제입니다. 그리고 이에 근거하여 〈개인적 지식〉에서 암묵적 앎의 개념을 도출해냈습니다. 이상하리만치, 심리학자들은 잠식의 타당성에 회의를 가져서인지 '잠식'의 개념과 게슈탈트 심리학의 상호 관련을 잘 인식하지 않습니다. 다만 나는 이 개념의 중요성을 암시한 클라인의 다음 논문이 있다는 것을 알았습니다. Klein, George S., "On Subliminal Activation," *Journal of Nervous Mental Disorders* (Vol. 128, 1959), pp. 203-301. 그는 이 논문에서 "우리의 행동에 포함된 모든 자극을 파악할 수 없다는 점을 단호하게 지적함으로써 잠식은 실험을 통한 증명을 요구하지 않는다"고 언급하였습니다.

내가 이미 〈개인적 지식〉에서 밝힌 바 있듯이 '부발식'을 무의식이나 前의식, 또는 제임스의 주변 식과 동일시해선 안 됩니다. 부발식을 규정하는 특징은 그 기능에 있습니다. 초점식의 대상이 존재하는 단서로서 부발식은 의식의 정도차를 드러냅니다. 클라인은 잠복된 의식 활동이 임시방편적이며 우연적인 자극을 가한다고 하면서 이 입장을 지지

합니다. 그러나 부발식은 결코 부차적인 것이 아니라 사고와 행동의 주변부에서 의미를 부여하도록 자극합니다.

에릭슨과 퀴테Kuethe는 내가 잠식이라고 한 것을 방어기제로 규정하여 프로이드의 개념처럼 동일시하였습니다. 이러한 해석은 널리 용인되어 문제를 *Psychological Abstracts*에서 잠식과 방어기제를 분리하여 생각하도록 하였습니다.

이 문제에 대한 또 다른 해석은 푀츨Otto Pötzl의 1917년 관찰로 거슬러 올라갑니다. 그와 그의 후계자들Rudolf Allers and Jacob Teler의 연구는 1960년 *Psychological Issues* (Vol. Ⅱ, No. 3)에 "꿈, 연합 작용, 이미지의 전前의식적 자극"이라는 제목으로 실려 있습니다. 이 논문의 서론을 쓴 피셔Charles Fisher는 그 관찰결과를 최근 연구와 관련지어 "잠식의 발생은 지각 이론에 함의하는 바가 크다는 점을 인정해야 한다"(Fisher, p. 33)고 언급하면서 자극의 불확실성이 후속되는 경험을 의식하도록 하는 데 있어서 중요하다는 것을 밝히고 있습니다.

나는 이 문제가 여러 가지로 폭넓은 의미를 지니며 암묵적 앎의 논리적 영역에 관련된다고 믿고 있습니다.

[2] Eriksen, C. W., and Kuethe, J. L., "Avoidance Conditioning of Verbal Behavior Without Awareness: A Paradigm of Repression," *Journal of Abnormal and Social Psychology* (Vol. 53, 1956), pp. 203-09.

[3] Hefferline, Ralph F., Keenan, Brian, and Harford, Richard A., "Escape and Avoidance Conditioning in Human Subjects Without Their Observation of the Response," *Science* (Vol. 130, November 1959), pp. 1338-39. Hefferline, Ralph F., and Keenan, Brian, "Amplitude-Induction

Gradient of a Small Human Operant in an Escape-Avoidanse Situation," *Journal of the Experimental Analysis of Behavior* (Vol. 4, January 1961), pp 41-43. Hefferline, Ralph F., and Perera, Thomas B., "Proprioceptive Discrimination of a Covert Operant Without Its Observation by the Subject," *Science* (Vol. 139, March 1963), pp. 834-35. Hefferline, Ralph F., and Keenan, Brian, "Amplitude-Induction Gradient of a Small Scale (Covert) Operant," *Journal of the Experimental Analysis of Behavior* (Vol. 6, July 1963), pp. 307-15. See also general conclusions in Hefferline, Ralph F., "Learning theory and Clinical Psychology-An Eventual Symbiosis?" form *Experimental Foundations of clinical Psychology*, ed. Arthur J. Bachrach (1962).

라즈란G. Razran의 "That Observable Unconscious and the Inferable Conscious," *Psychological Review* (Vol. 68, 1961: 81)에 보고된 많은 러시아 연구 결과는 내장 속의 자극조건이 헤퍼린의 근육 경련Hefferline's Muscular twitches과 유사한 특징을 드러낸다고 합니다.

[4] Dilthey, W., *Gesammelte Schriften* (Vol. Ⅶ, Leipzig and Berlin, 1914-36), pp. 213-16; [Translation by H. A. Hodges, *Wilhelm Dilthey* (New York, Oxford University Press, 1944), pp. 121-24].

[5] Lipps, T., *Asthetik* (Hamburg, 1903).

[6] 언어학자로서 하스W. Haas도 언어의 위계적 구조에 관하여 비슷한 결론을 내리고 있습니다. 그의 "Relevance in Phonetic Analysis," *Word* (Vol. 15, 1959), pp. 1-18; "Linguistic Structures," *Word* (vol. 16,

1960), pp. 251-76; "Why Linguistics Is Not a Physical Science"를 참조하시오. 이 논문들은 1964년 8월에서 9월에 걸쳐 이스라엘의 예루살렘에서 개최된 논리학, 방법론, 과학철학 국제 학술대회the International Congress for Logic, Methodology and Philosophy of Science에서 발표된 바 있습니다.

[7] 나의 〈개인적 지식〉 328-35쪽과 〈인간의 연구〉 47-52쪽을 보십시오. "Tacit Knowing and Its Bearing on Some Problems of Philosophy,"(1962); "Science and Man's Place in the Universe,"(1964); "On the Modern Mind,"(1965); "The Structure of Consciousness,"(1965); "The Logic of Tacit Inference,"(1966). 아울러 관련 참고문헌을 보십시오.

[8] 내가 생각하는 과학의 전통적 기반, 과학적 진리 추구, 과학적 창의성은 나의 〈과학, 신념, 사회〉를 참조하십시오. 이러한 나의 생각은 나의 초창기 저작인 〈자유의 논리〉에서 이미 개진되었으며, 이어서 〈개인적 지식〉에서 전개된 바 있습니다. 이에 관한 최근의 내 입장은 "Science: Academic and Industrial,"(1961); "The Republic of Science,"(1962); "The Potential Theory of Adsorption,"(1963); "The Growth of Science in Society(1966)"에 실려 있으며, 자세한 사항은 뒤의 참고문헌을 보십시오.

[9] 네이처 지Nature에 실린 내용은 〈자유의 논리〉 17쪽에 있으며, 레이리 경Lord Rayleigh과 관련해서는 같은 책 12쪽, 레이리 경 관련 후속논의는 〈개인적 지식〉 276쪽에 수록되었습니다.

[10] 이 견해는 포퍼K. R. Popper의 〈과학적 발견의 논리*The Logic of Scientific Discovery*〉 1959년 판 279쪽에 다음과 같이 수록되어 있습니다.

"그러나 경이로울 만큼 과감한 우리들의 추측과 '예견'은 체계적인 절차에 따라 매우 조심스럽고 세심하게 검증된다. 우리들의 연구방법은 우리가 옳다는 것을 확증하려는 것이 아니다. 반대로 우리는 그것을 뒤집을 양으로 시도한다. 우리가 가진 논리적, 수학적, 기술적인 무기를 모두 동원하여 우리가 예견한 것이 내놓기에 앞서 얼마나 정당화되지 못한 것이며 또한 정당화될 수 없는 것인지, 그래서 허점을 지닌 채로 경솔하게 편견을 내는 것은 아닌지 입증하고자 한다."

참고문헌

이 책의 내용과 관련된 아이디어가 담긴 저자의 논문은 다음과 같다.

"Tyranny and Freedom, Ancient and Modern," *Quest* (Calcutta, 1958).

"The Two Cultures," *Encounter* (September 1959).

"Beyond Nihilism," Eddington Lecture (Cambridge University, 1960);
    also *Encounter* (1960).

"Faith and Reason," *Journal of Religion* (Vol. 41, 1961), pp. 237-41.

"Knowing and Being," *Mind* (Vol. 70, 1961), pp. 458-70.

"The Study of Man," *Quest* (Calcutta, April-June 1961).

"Science: Academic and Industrial," *Journal of the Institute of Metals*
    (Vol. 89, 1961), pp. 401-06.

"Clues to an Understanding of Mind and Body," in I. J. Good, ed.,
    The Scientist Speculates (Heinemann, 1962).

"History and Hope: An Analysis of Our Age," *Virginia Quarterly Review*
    (Vol. 38, 1962), pp. 177-95.

"The Republic of Science, Its Political and Economic Theory," *Minerva*
    (Vol. 1, 1962), pp. 54-73.

"The Unaccountable Element in Science," *Philosophy* (Vol. 37, 1962),
    pp. 1-14

"Tacit Knowing and Its Bearing on Some Problems of Philosophy,"
    Review of Modern Physics (Vol. 34, 1962), p. 601 ff.

"The Potential Theory of Adsorption: Authority in Science Has Its Uses
    and Dangers," *Science* (Vol. 141, 1963), pp. 1010-13.

"Science and Man's Place in the Universe," in Harry Woolf, ed.,
    Science as a Cultural Force (Johns Hopkins, 1964).

"On the Modern Mind," *Encounter* (May 1965).

"The Structure of Consciousness," *Brain* (Vol. 88, Part IV, 1965),
    pp. 799-810.

"The Logic of Tacit Inference," *Philosophy* (Vol. 40, 1966), pp. 369-86.

"The Creative Imagination," *Chemical and Engineering News* (Vol. 44,
    No. 17, 1966).

"The Growth of Science in Society," *Encounter* (1966).

참고가 될 저자의 책은 다음과 같다.

Science, Faith and Society
University of Chicago Press, 1946; Oxford University Press, 1946;
    Phoenix edition, Chicago, 1964.

The Logic of Liberty
University of Chicago Press, 1951; London, Routledge, 1952.

Personal Knowledge
University of Chicago Press, 1958; London, Routledge, 1958;
    New York, Harper Torch Books, 1964.

The Study of Man
University of Chicago Press, 1959; London, Routledge, 1959;
    Phoenix edition, Chicago, 1964.

색 인

인 명 색 인

사 항 색 인

역자 김정래(金正來)

서울대학교 사범대학 교육학과와 동 대학원을 졸업하고, 영국 Keele대학교에서 교육철학을 전공하여 박사학위를 받았다. 정치철학적 개념을 토대로 한 가치문제, 문명과 진화, 그리고 교육현안과 관련된 형이상학적 문제를 공부하면서 주요 언론에 칼럼니스트로 활동하고 있다. 서울대학교, 강원대학교 등 여러 대학의 강사로 활동하다가, 한국교육개발원 연구위원과 부산교육대학교 교수를 지냈다. 제15대 한국교육철학회장과 <한국교육신문> 논설위원, <미래한국> 편집위원을 지냈으며, 한국교육학회, 한국교육철학학회, 한국초등교육학회, 한국제도경제학회, 한국하이에크소사이어티에서 활동한 바 있다.

저서로는 <폴라니의 암묵적 영역: 의미와 적용>(2025), <증보 아동권리향연>(2020), <아동권리향연 플러스>(2022), <아동권리향연 마당>(2022), <세상을 바꾸는 나>(2022), <세상을 바꾸는 힘>(2022), <문맹기초연구>(2018), <민주시민교육비판>(2013), <진보의 굴레를 넘어서>(2012), <고혹평준화해부>(2009), <공교육과 자유주의 교육정책>(2009), <전교조비평>(2008), <아동권리향연>(2002) 등이 있다.

역서로는 <봄의 창의성(데이비드 봄)>(2021), <권위, 책임, 교육(리처드 피터스)>(2021), <지식의 조건(이스라엘 쉐플러)>(2017), <플라우든 비평(리처드 피터스)>(2021), <초등교육문제론(로버트 디어든)>(2015), <아동의 자유와 민주주의(로즈마리 챔벌린)>(2012, 개정번역판 2015), <교육과 개인(브렌다 코헨)>(2014), <교육목적론(콜린 린지)>(2013), <대중을 위한 경제학(진 캘러핸)>(공역, 2013) 등이 있다.

개정판
암묵적 영역

초판발행   2015년 5월 10일
개정판발행   2025년 3월 31일

지은이   마이클 폴라니
옮긴이   김정래
펴낸이   노 현

편 집   이혜미
기획/마케팅   박세기
표지디자인   BEN STORY
제 작   고철민·김원표

펴낸곳   ㈜피와이메이트
            서울특별시 금천구 가산디지털2로 53, 210호
            (가산동, 한라시그마밸리)
            등록 2014. 2. 12. 제2018-000080호
전 화   02)733-6771
f a x   02)736-4818
e-mail   pys@pybook.co.kr
homepage   www.pybook.co.kr
ISBN   979-11-7279-079-0   93370

* 파본은 구입하신 곳에서 교환해 드립니다. 본서의 무단복제행위를 금합니다.

정 가   18,000원

박영스토리는 박영사와 함께하는 브랜드입니다.